允许孩子犯错

相信孩子有变得更好的能力

[美] 杰西卡·莱西 / 著
Jessica Lahey

尧俊芳 / 译

THE GIFT OF FAILURE

图书在版编目（CIP）数据

允许孩子犯错：相信孩子有变得更好的能力 /（美）杰西卡·莱西著；尧俊芳译. —— 北京：北京联合出版公司，2022.1
ISBN 978-7-5596-5627-8

Ⅰ.①允… Ⅱ.①杰… ②尧… Ⅲ.①家庭教育 Ⅳ.①G78

中国版本图书馆CIP数据核字(2021)第224249号

Copyright © 2015 by Jessica Lahey
This edition arranged with DeFiore and Company Literary Management, Inc.
through Andrew Nurnberg Associates International Limited
Simplified Chinese edition copyright © 2022 Beijing ZhengQingYuanLiu Culture Development Co., Ltd.
All Rights Reserved.

北京市版权局著作权合同登记号：图字 01-2021-5789号

允许孩子犯错：相信孩子有变得更好的能力

著　　者：(美) 杰西卡·莱西
出 品 人：赵红仕
责任编辑：管　文
译　　者：尧俊芳
特邀编辑：尧俊芳
封面设计：WONDERLAND Book design 仙境 QQ:344581934
装帧设计：季　群　涂依一

北京联合出版公司出版
（北京市西城区德外大街83号楼9层　100088）
北京联合天畅文化传播公司发行
北京中科印刷有限公司印刷　新华书店经销
字数190千字　640毫米×960毫米　1/16　17印张
2022年1月第1版　2022年1月第1次印刷
ISBN 978-7-5596-5627-8
定价：45.00元

版权所有，侵权必究
未经许可，不得以任何方式复制或抄袭本书部分或全部内容
本书若有质量问题，请与本公司图书销售中心联系调换。
电话：（010）64258472—800

序

试错，是从失败到成功最小的代价

听到我是一个妈妈，又是一名中学老师，很多人都会说："你一定很会教育孩子。"我一直也是这么认为的。直到儿子 10 岁那年发生的一件小事，让我对自己产生了怀疑。

我儿子向来都只穿无带的鞋子。之前我认为是他喜欢，直到有一次，他把自己的搭扣鞋落在了同学家，而这天要上体育课，所以他只能穿另外一双需要系鞋带的备用鞋。但是，儿子怎么都不肯穿，他说宁愿穿着雨鞋被同学嘲笑，也不想系鞋带。

儿子为什么这么排斥系鞋带？我开始反思。

其实，小时候，他也尝试过系鞋带，但他反复系错的状态真的很让我抓狂，于是我一边直接帮他系上，一边疯狂抱怨，而这也让他近乎崩溃。从这以后，他再也不愿意穿有鞋带的鞋。偶尔出门要穿，都是我帮他系，否则他就会选择放弃和小朋友出门玩耍。在他心里，系鞋带是个大麻烦。而我的抱怨和后来无数次的帮忙，更是加深了他的这个认知：我天生就不会系鞋带！

系鞋带这件事已经彻底击垮了儿子要尝试的信心。虽然，系鞋带可能只是儿子人生当中的一件小事，他也可以一辈子不用学系鞋带，但孩子未来面对的其他事情要比系鞋带复杂得多，问题和困难可能是系鞋带的豪华升级版。如果系鞋带这么简单的事情他都没有信心去尝试，那将来如何保证他有足够的信心去面对更大的挑战呢？

于是，那天我提议："我们一起来做这件事吧，可能会很有意思。"他疯狂摇头。我告诉他："系错了也没关系的，妈妈不会指责你，只会鼓励你。如果妈妈有一句唠叨抱怨的话，你可以马上喊停。"他心里的障碍渐渐消失了。20分钟后，他学会了系鞋带！那一刻，他脸上自豪的笑容让我明白了：孩子并不畏惧犯错，他们只是害怕父母不允许他们犯错。

不允许孩子犯错，让孩子在未来一点挫折都承担不起，这当然不是为人父母的初衷。相反，我们希望竭尽所能地带领孩子走向独立自主,学会自己解决问题,当我们不在身边的那一天,他们依然可以找到自己的成功之路。

但是,从孩子出生的那一天起,我们就产生了一种本能:要保护这个脆弱的小人儿不受任何伤害。当这种本能过于强大时,我们就忘记了去区分哪些失败是他们无法承受的,哪些挫折是他们可以驾驭的。

我曾给我的学生讲过《远大前程》中皮普的故事。皮普不是一个完美的孩子,从他离开家乡到回头救赎,他不断纠正错误并寻找各种可能,他穿过迷雾,躲过危险,捡拾成长的碎片,终于找到了属于自己的路。狄更斯通过这个故事告诉我们:度过童年还有另一条路,那是一条不断试错的路。

我们经常被那些名人故事所触动,爱迪生、爱因斯坦、乔布斯……不仅是因为它们有一个美好的结局,更因为它们是经历了无数次试错,从失败转向成功的典型案例。我们看到了试错的价值和精妙之处。不过前提是,读这些故事时,我们已经预料到未来的结局。

但是,孩子的未来是不确定的。我们无法穿越到未来,去看看孩子现在遭遇的失败在将来的某一天是不是真的转变为美好。所以，当孩子犯了错，遇到一点挫折时，我们的世界仿佛崩塌了。那时，我们最希望做的就是可以翻到书的结尾，确信一切都没事，让自己安心。

可悲的是，那是不可能的。在孩子人生故事的曲线上，我们无法看到泄露结局的预告，也不可能跳过令人不适的章节，直接跳到那个美好的结局。所以，为了让孩子成为一部杰作，家长必须要允许他们的瑕疵存在，让错误和试错积累的素材成为故事的基本原料。理查德·罗蒂曾说过，"伟大的著作从来都不是没有瑕疵的"。

我们要允许孩子试错，信任孩子，相信他们都有能力跨过那些曲折的情节。在"犯错—修正错误—成长"这样的循环中迂回前进，创造属于他们自己的美好结局。

content 目录

序 试错，是从失败到成功最小的代价 / 1

第一部分 / 001

第一章 内驱力：驱动孩子变得更好的力量 / 003
得"优"的孩子，为什么对学习没兴趣 / 004
内驱力：孩子进取的原动力 / 008
自主性：让孩子主动发现自己有多棒 / 013
"我愿意"的力量远远大于"我服从" / 017
胜任感：我能做到，才更愿意去做 / 019
成长型心态：一个人不断奋进的内驱力 / 022
犯错：孩子成长的重要契机 / 025

第二章 忍住！别插手，培养孩子的自主性 / 029
让孩子为自己的错误承担后果 / 030
支持自主型教养：一种更平和快乐的教养方式 / 035
为孩子设定规则和界限 / 038

帮助孩子养成新习惯 / 041

控制型父母和支持自主型父母的区别 / 043

第三章 夸奖与自驱型成长 / 057

你的称赞方式将改变你的孩子 / 058

父母的夸奖方式不同，孩子的心理模式也会不同 / 061

让孩子具备自驱成长心态的夸奖方式 / 065

第二部分 / 069

第四章 做家务：培养孩子的胜任能力 / 071

完美纸杯蛋糕 / 072

什么事都替孩子做了，孩子就什么都不会做了 / 074

十个碎盘子换来的自豪感 / 077

做家务，培养自我重视感 / 080

学龄前儿童的家务责任 / 085

高效能学龄儿童的家务责任 / 090

第五章 交朋友：孩子社交力的开始 / 095

让孩子闯荡自己的社交"江湖" / 096

童年的冲突处理，决定未来的交友能力 / 098

目 录

各个年龄段孩子之间的冲突解决办法 / 102
青春期的社会焦虑带给我们的启示 / 112

第六章 课外竞争 / 125
兴趣班变压力班 / 126
压力家长现象 / 130
成功的场外家长行动指南 / 136

第七章 初中:各种能力的修炼场 / 139
帮助孩子掌握执行力 / 140
自控力的修养 / 143
培养孩子的心理灵活性 / 146
对付糟糕的工作记忆 / 149
提高孩子的自我觉知能力 / 151
孩子磨磨蹭蹭,缺乏的是启动力 / 153
培养孩子的条理性 / 155

第八章 高中及以后:走向真正的独立 / 159
外表像大人,内心还是个孩子 / 160
成年前实现独立自主的最后一次机会 / 163
体验成年生活 / 167

第三部分 / 175

第九章 家校关系的处理 / 177
家长和老师是同一条战线的盟友 / 178
家长和老师建立积极关系的指导原则 / 181

第十章 家庭作业：家长如何做到帮助而不是代劳 / 203
把孩子的作业问题留给孩子 / 204
以下几种情况，家长需要注意 / 207
家长如何帮助孩子完成家庭作业 / 210
家庭作业的意义 / 217
创造性作业的价值 / 221

第十一章 成绩：低分的真正价值 / 225
别被成绩绑架 / 226
恰当地看待分数和成绩的意义 / 230

附录 美国育儿简史 / 245

朴素时代的育儿观 / 245
育儿专家的兴起 / 249
你知道的比你自己想象的要多 / 252
自恋的一代 / 256

第一部分

第一章

内驱力：驱动孩子变得更好的力量

> 探索是人类做任何一件事情的内驱力，因为每个人对未知都充满好奇。假如我们不破坏这种内驱力，它永远都在。所以，如果说教育真的有什么窍门的话，那就是保护好孩子的这种内驱力。

得"优"的孩子,为什么对学习没兴趣

我认识一位妈妈很多年了,她的三个孩子都是我的学生,她常常和我沟通孩子们的学习情况。有一天,她问了我这样一个问题:"玛丽安娜的成绩很好,但我发现,她对学习并不感兴趣,只有在我的监督下才会学,这是为什么呢?"

我一时不知该如何回答。

其实这个问题我早就注意到了,玛丽安娜只是按部就班地完成老师和父母安排的学习任务,除此之外,她并不会主动去学习其他知识,更不会去挑战有难度的学习任务或其他事情。也就是说,孩子已经失去了天生的好奇心和学习兴趣。

玛丽安娜上学的第一天,父母就告诉她:你的未来是由成绩决定的,成绩比任何事情都重要!只有拿到第一名、考上大学,你的学习才是值得的。就这样,父母强行把玛丽安娜的学习动力和外在目的联系在了一起。让玛丽安娜误以为学习就是为了分数,为了取悦父母。

不是说学习完全不可以有功利目的,而是说,它不能

是唯一的目的。当玛丽安娜把对学习的注意力完全放在是否能得到外界的肯定上时，自然就忽略了学习中的探索、点滴进步，甚至失败给自己带来的乐趣。体验不到学习过程中的乐趣，她怎么会真正喜欢学习呢？虽然拿到好成绩的那一刻也能产生喜悦，但毕竟是短暂的，而学习过程却是漫长的。在这个过程中如果体验不到乐趣，就意味着她要用漫长的枯燥、乏味去博取那短暂的快乐，那对谁都是一种煎熬。

所以，过于强调学习的结果和结果带来的外在功利价值，必然会毁掉孩子对学习本身的兴趣。

但是现在，不只是玛丽安娜的父母，许多家长、孩子甚至老师（包括我）都被这种观念裹挟了。不知从什么时候起，我们都卷入了一场输不起的惨烈争优赛。"成功要趁早！""抓紧每一分钟！"所有的家长都在暗暗较劲儿。孩子们不要说去森林探险了，就是走出"城市森林"都不容易。哪个父母如果允许孩子在别的孩子做作业时去玩，别的家长肯定对她嗤之以鼻："瞧！这个妈妈的心可真大。"除了学习，父母们将孩子在生活中遇到的难题全部解决——"你们好好学习，别的事都不用管。"

玛丽安娜的妈妈就是这样，日复一日地念叨着分数和成绩，而玛丽安娜又是一个如此渴望取悦父母的孩子，为此，她疯狂地学习，又如此痛恨学习。因为父母在这个过程中并没有"看见"孩子，他们只在乎结果。玛丽安娜从来没有因勤奋、坚持受到过表扬，也没有因攻克一道数学题受到夸奖，如果那道题的答案最后是错的，那么她的努力就会受到全盘否定。他们只关心结果，没有人在乎她在这个过程中的感受和收获，哪怕她在这个过程中学会了自律、坚持和创造性地解决问题。

显然，玛丽安娜创造性解决问题的能力并不高。因为妈妈还告诉玛丽安娜，有些超出你能力的事情你最好别碰，别轻易冒险，因为"少犯错，才能成功"。于是，每当玛丽安娜想要尝试什么事情时，妈妈的这些话就打掉了她刚刚伸出去的那双想要探索的手。而这，再一次摧毁了玛丽安娜对求知的热爱。

玛丽安娜的妈妈这样教育女儿，是因为她小时候也是这样成长的吗？并不是。在她的童年时期，她的妈妈从未向她灌输过类似的观念，妈妈允许她失败，允许她玩儿，允许她在探索中体验学习的乐趣。但轮到她教育孩子了，她却忘了这些——忘了童年最弥足珍贵的是面对挑战的兴奋，是从失败中站起的骄傲，是凭着自己的力量摘取成功的自豪，是学习新事物时的心跳和喜悦。

因为我们都被这个时代裹挟了。在大环境的影响下，我们爱孩子的方式不知不觉地扭曲了。即使理智偶尔会恢复，但一看周围——评判孩子看成绩，评判父母看孩子的成绩，如果成绩不好，不仅孩子失败了，父母也很失败——于是那点理智立刻缴械投降了。

所以我很理解她，但不知道该如何向她讲明真相，她很可能会抵触。就像我没有深刻反省之前，如果有人说我的教育方式有问题，我一定会矢口否认。但这是个分享的契机，我已经走出了迷雾，希望她也能面对教育的真相，帮助玛丽安娜重新燃起对学习的热爱，重拾敢于试错的勇气。因为我们都希望孩子将来回首童年时，会感谢父母让她去体验学习本身的乐趣，包括挫折，因为这使成年的他们更热爱学习，更明白如何面对人生的崎岖。

同时我也希望有更多的家长走出迷雾，走出成绩、比较编织的焦虑之网，转而关注更美好的画面——孩子在学习中不断探索、勇于尝试、独立解决问题，那么孩子也更容易做到积极主动、自律坚持、热爱投入，而好成绩只是自然而然的结果。

内驱力：孩子进取的原动力

　　每一个婴儿，天生对探索都有着强烈的兴趣：他用尽全身的力气，反复尝试各种姿势，冒着摔下床的危险，终于从床上爬了下去。那一刻，他难以置信。他兴奋地朝前爬去，皮球越来越近，他兴奋不已，加快了速度。这时，大人又把皮球往前推了推，他毫不气馁，继续朝前爬去……

　　探索是人类做任何一件事情的内驱力，因为每个人对未知都充满好奇。假如我们不破坏这种内驱力，它永远都在。所以，如果说教育真的有什么窍门的话，那就是保护好孩子的这种内驱力。

　　可惜，过了婴幼儿阶段，进入学校教育环节后，很多父母和老师就忘记了这一点，他们不但不去激发和保护孩子的探索欲，反而用奖励的方式破坏了孩子的探索欲。怎样奖励孩子呢？和马戏团里训练海豹的方式差不多。海豹每完成一个指令动作，驯兽员就给它一条鲱鱼。为了得到鲱鱼，海豹就得不停地完成驯兽员的指令动作，于是这个动作越来越纯熟。海豹甚至形成了条件反射，看到鲱鱼就会做动作。但是科研人员发现，这个方法对灵长类动物不管用。

1949年，哈洛想弄明白"灵长类动物的激励因素"究竟是什么。他弄来了八只猴子，分别放在八个笼子里，然后静静地观察这八只猴子会做什么。没过多久，猴子们开始玩起了门闩，它们把门闩拉来拉去，直到完全打开。并没有人激励它们，打开门闩纯粹是因为好玩儿和好奇，用哈洛的话说就是——打开门闩这个动作是出于内驱力。只要有内驱力，猴子就会自发去做这件事。

看到这个现象，哈洛想，如果再给一些外驱力，猴子们是不是会表现得更好？

哈洛让四个工作人员一人拿一把葡萄干，分别站在四只猴子的笼子外面，而其他四只猴子则没有葡萄干。按理说，这四只猴子已经会开门闩了，现在又有葡萄干的诱惑，应该会更快打开门闩。但事实正好相反。面对葡萄干的诱惑，这四只猴子行动并不迅速，它们先是吃完了葡萄干，然后才慢腾腾地打开门闩。和没有葡萄干诱惑时相比，它们开门闩的兴致和速度反而更低了。

哈洛总结：外驱力对猴子的激励作用不但不大，反而会影响它们的内驱力，使它们失去对开门闩这件事本身的兴趣。

这个现象是发生在动物身上，那么如果是人类会不会不一样？心理学家爱德华·德西将哈洛对猴子做的内驱力研究延伸到了人类身上。

他找了两组学生玩索玛拼图游戏，这款游戏很容易吸引玩游戏的人。德西说他每次即使放下游戏，脑子里还是会一直想游戏的内容。第一组学生每完成一个拼图就会得到一美元的奖励，第二组学生没有任何奖励，他们的动力完全取决于自己完成一个拼图的满足感。玩了一阵之后，德西给两组学生留了一个8分钟的自主完成任务，然后离开了实验室。德西从外面观察两组学生的反应，发现：有奖励的那组学生明显对拼图游戏兴致不高，而没有奖励的那组学生仍然乐在其中。

针对这方面进行了更深入的研究之后，德西得出了一个结论：任何被人类视为有控制意图的因素，都会对长期的动力造成伤害，而这其中也包括孩子的学习动力。

奖励，本质上是一种控制，而不是激励。哪怕父母的本意是激励，但事实上却造成了控制。

我有个学生，每周单词听写都不过关。她爸爸认为责任在我。我尽力跟他解释，请他不要过于在乎孩子现阶段的分数，只要她对这门学科还有兴趣，继续努力，以后成绩自然会提高。但他完全听不进我的话。

然而秋季开学的时候，这个女孩却像变了一个人，她一改之前的沮丧，信誓旦旦地跟我说，这学期一定能学好！果然，她复习得很认真，在第一次听写测试中得了满分。接着又得了第二个、第三个满分。我很为她高兴。有一次测试完，我说测试纸可以扔到垃圾桶里。她说："不能扔，我要拿回去给爸爸看，我爸说了，一次满分就奖励我10美元。"

原来如此！我有点不安，这个方法真的能长期有效吗？果然，一个假期过后，她的听写成绩又下降了。我问她原因，她说10美元的奖励对她没什么吸引力了，所以她也不愿意继续努力了。

　　奖励也许在短时间内会有效果，但对于孩子长期的学习动力和热情而言，效果并不佳。因为长期的外在奖励会让孩子渐渐忘了他做这件事情的内在动机——好奇、好玩、有趣，而只记得外在动机——奖励。那么一旦有一天没有了外在奖励，这件事他就更不愿意去做了。很多孩子的学习热情不就是这样被毁掉的吗？

　　只有对一件事情本身感兴趣，孩子才更容易坚持下去。即便会遇到困难和挑战，他们也会想办法应对并坚持下去，就像那个想尽一切办法要拿到玩具的婴儿一样，内心有着极大的内驱力推动他前行。回想一下你的小宝宝，他们刚刚学习走路、说话、玩拼装的时候，你有给他奖励吗？你是不是只需要在旁边喊"宝贝，加油"就好了？

　　孩子们天生就喜欢尝试不熟悉的事物，这种天性不需要再附加任何外在条件。用外在奖励的方式来激励孩子，和阻拦孩子试错一样，都是在扼杀孩子的探索欲，摧毁孩子的内驱力。

　　如果说无效的奖励会摧毁孩子的内驱力，那么有三个要素却能激发内驱力的实现，即：自主性、胜任感和成长型心态。

自主性：让孩子主动发现自己有多棒

我家冰箱上放着一个毛绒玩具，这是我儿子最喜欢的玩具，但它现在是我的"人质"。解救这个"人质"的条件，就是我儿子必须按照家务清单打扫自己的房间。我儿子快要气炸了！

在情急之下，我一不小心就用了这种"威胁控制"的方法。为了维护父母的权威，我还必须将这种"控制"进行到底。教养孩子不是一件简单的事情，即使家长学了很多相关的理论知识，也有忘记知识、失去理智的时候。但儿子显然不会因为我的威胁而打扫房间。

威胁孩子是一种控制，除此之外，替孩子选择、监督孩子写作业、为孩子制订学习计划和目标、为孩子完成某项作业制定最后期限，某种程度上都是一种有意无意的控制。可以这么说，只要干涉孩子的自由，就是一种控制。你一定遇到过这种情况，按照孩子的玩法来玩乐高，他一定玩得很开心。但如果你要他按照你的方法来玩，那你们很快就会玩不下去，孩子要么失去兴趣，要么发脾气——父母"扼杀"孩子对一件事情感兴趣的最好办法，就是把自己的意愿强加给他们。

所以，不能奖励，不能监督，不能惩罚，不能替他选择，更不能替他去做。那我们能做什么？答案就是——后退一步，让孩子的自主性发挥作用。允许孩子对自己想做的事情拥有控制权和自主权，哪怕他做得不能令你满意，也要把成长的主动权还给孩子。

拥有对自己的控制权和主动权，这是人的本能。刚刚学走路的孩子，明明对脚下的路还不能完全掌控，也要甩开你牵他的手；一个幼儿，明明还没有审美，也要选那双"丑陋"的鞋子。他们就是要体验那种为自己的事情做主的快乐。

那么，如果什么都由他们做主，父母能够做些什么呢？可以做三件事：第一，在旁边加油助威；第二，过程中遇到危险和解决不了的困难时伸出援手；第三，造成不好的结果时为他们收拾残局。在孩子的人生跑道上，父母是啦啦队、后勤部长、教练员，但不是选手。

这并不意味着父母在孩子的学习和生活中没有发言

权,只是说不要过度干涉,要激发他们的内驱力。做到这一点并不容易。因为我也会给学生们规定学习的时间、地点、方法等,让他们按照我深思熟虑的套路去学习,在他们的作业上打个分数。看了德西的研究结果,我才发现,这都是一种变相的控制。

在美国,有一种专题教学法,先由学生提出一个问题,再由学生来提出解决问题的方法。在这个过程中,学习范围、目标和步骤都由学生自己来决定,学生因此感觉到自己就是学习的主人。看了德西的研究后,我也决定这么做,我将教育的主体交给学生,让他们尽可能掌握自己的学习情况,他们对学习的热情和投入度明显更高了。

我必须敢于放手,哪怕他们的学习成绩会因此出现波动,哪怕某件事他们会做得一塌糊涂,哪怕他们要一次次跌倒、爬起,那也是属于他们的作品。"伟大的著作从来都不是没有瑕疵的",但你对你的作品会充满了热爱。

自主和独立,这两个词表面意思看起来很相似,其实有很大的不同。独立的反义词是依赖,但不依赖不等于自主。自主来源于希腊文的"auto"和"nomos","auto"是自我的意思,而"nomos"则是准则的意思。因此,自主意味着先要遵循一定的规则才能真正在自己的生活中做主。这就是我们常说的自律才能带来真正的自由。

　　让孩子学会自主，我们除了态度坚决外，还需要有时间和耐心。如果你的孩子上了初中，还不会在放学回家时自己动手把车里面的个人物品整理出来，还从来没有学着自己打包午餐、洗衣服、使用洗碗机等力所能及的日常事务，那么在这条自主的道路上，他注定会爬一段很陡的坡路。一开始你也许会发现，孩子做的每一件事都达不到你的标准，你会产生放弃的念头，会琢磨着是不是该让一切恢复老样子；当看到孩子面对自己从未承担过的任务而手足无措时，你可能会打退堂鼓，会继续为孩子代劳一切。但是，坚持一下，回报马上就来了，而且比你想象的要快。

　　我更希望孩子眼中的我是一个擅长指引而不是支配、喜欢支持而不是操控的家长。我希望他们知道，比起洗碗机里的碗盘有没有排整齐、白袜子是不是扔入了深色衣物的洗衣篮里，我更关心他们的自主能力、胜任能力和我们之间的关系。

"我愿意"的力量远远大于"我服从"

不用奖励,我们可以用另一种方式来激励孩子——目标力。但如果父母按照自己的意愿制定目标,仍然是一种控制。所以,一定要让孩子按照他自己的意愿制定目标,为自己的意愿努力,才符合为自己做主的本能,才能激发他的内驱力,进而展开行动。

有一个学生跟我说,想在新学期改变自己容易害羞的毛病,于是我和她一起制订计划:经常找老师谈心、向身边的成年人咨询意见、试着多跟同学交往、尝试在公众场合发言等等,这位同学果然一一照着去做,我没有鼓励她,也没有逼迫她,那个学期,她在社交方面进步很大,学习上也比以前更加主动了。

这位学生愿意去努力,是因为这个目标是她想要实现的,计划也是按照她的意愿制订的,我们不需要用奖励去诱惑她行动,实现目标就是诱惑,目标实现后的满足感就是奖励。即使目标没有实现，她也不需要内疚，因为她不需要向任何人交代，她没有辜负任何人的期待。而且过程中没有监督、管教和评价，她会非常轻松地去实施计划，也可以根据实际情况修改和推迟计划，以及毫无心理负担地去试错、体验失败。而如果这个目标是别人制定的，她会害怕失败、害怕别人对她失望，因而带着焦虑去经历这个过程，甚至因为恐惧和焦虑而放弃这个目标。

最近，我的一个朋友说起她儿子拒绝学钢琴的事。之前，她儿子多次跟她说不想上钢琴课，我朋友都没答应。但最终儿子说了一句话让她改变了立场。儿子说："妈妈，我认为弹钢琴是你的梦想，不是我的梦想。"

是呀，有梦想的人是不需要鼓励的，而没梦想的人鼓励也没有用。每个人都想按照自己的意愿活着，意愿的召唤力量，远远大于父母的各种督促。所以，引导孩子按照自己的意愿设定积极的目标，是父母最需要扮演的角色。

但是，那些长期生活在父母"控制"下的孩子，好像失去了为自己制定目标的能力。他们习惯了由父母安排一切，一旦让他们自己安排了，他们反倒手足无措。我儿子听到我以后"不管"他了，还以为我在开玩笑，然后告诉我说，如果我不管他了，他也不知道该如何管自己。听到这样的话，父母千万不要动摇，只有我们真正地放手了，孩子的内驱力才会回来。

与孩子一起制定目标时，我们的态度很关键，只是参谋，只需要引导，所以语气要平和、心态要放松。我和我儿子讨论时，我总是告诉自己，我不是高高在上的父母，而是与他平等的朋友。

另外，不管孩子制定什么样的目标，哪怕在我们看来不值一提，我们都要支持，因为这对他来说可能意义非凡。

胜任感：我能做到，才更愿意去做

为了激发孩子去做一件事，很多父母会采用夸奖和鼓励的办法，但这只能给孩子带来勇气，而非真正的内驱力。真正的内驱力来自于自信，相信自己能做成一件事，并真的做成了，于是我对自己的能力感到自信，这是一种由体验中产生的"胜任感"。如果空有信心，不能胜任，反而会造成灾难。如有些家长想锻炼孩子，让孩子参加一些冒险活动，但是，孩子一直处于父母的呵护下，很少冒险，并没有胜任这类活动的能力。那么参加此类活动，只会打击他们的自信。

胜任能力不是我觉得我行，也不是别人觉得我行，而是事实证明我行。所以一定要通过体验获得。家长的过分呵护是无法培养出孩子的胜任感的，一定要让孩子去解决问题、应对错误和失败。当然，试错中的风险是可控的，不可控的再由家长去做。

邻居的儿子5岁时，信心满满地认为自己会用爸爸的电钻，但是他的爸爸从来没有让他动过电钻，也没教过他如何使用。有一次，我去他们家拜访，他把我带到他爸爸新买的木材分割机前，问我想不想看他怎么开动这台机器，我拒绝了。因为我知道，他并不会操控这台机器。他当时的信心只是来源于热爱，而非胜任感。现在，他12岁了，他的爸爸花了很多时间教他如何安全有效地操作电动工具，他说他已经是一个合格的木匠了。这时，我相信他，因为他此时的信心不再只是来源于热爱，而是胜任感，经过实践学到的真实能力。

盲目的自信不会让自己和他人自信，胜任能力才会，因为他们不会毫无准备地去冒险。所以，不要过分地夸奖和鼓励孩子。比如，刚刚学了几个游泳动作，你就说他是一个游泳天才，那么他很有可能去尝试深水池。

你要做的，是增加孩子对更多事情的胜任感，从而让孩子觉得"我可以掌控很多事情"，并从中体验到自信和快乐。为了体验到更多的快乐，他会想要去尝试更多的事情，并愿意为之不断试错、付出努力。这样，孩子的内驱力就被激发出来了。一定要让孩子有充分的时间和意愿去体验过程，而不是只盯着结果。

作为父母，从小就要培养孩子的胜任感：学着打包自己的午餐、在足球场上自如地控制足球、和一个陌生的小朋友成为朋友，这些小事对孩子都具有里程碑的意义。这种胜任感对孩子有着超乎想象的激励作用。一旦孩子尝到了成功的滋味，尤其是靠自己的努力和坚持获得的成功，他们就会"上瘾"，今后更加乐于通过自己的努力取得成功，进入良性循环。这就是胜任感的魅力之处，它是一个自我实现的预言——我相信我能做得到，而我竟然真的做到了！他们会因此激动不已。我亲眼见过有些孩子，在偶然尝到靠自己努力成功后的滋味时，就像是阳光猛地冲破了云层，周身散发着明亮欢快的光芒。

胜任感让过去挫败的阴影消失，因为有了胜任感，孩子会更加勇于探索，更加愿意坚持付出努力。

不夸奖，不奖励，不控制，让胜任感推动孩子前进。当有一天，你的孩子放学回家，他说他今天靠自己的努力弄懂了一道极具挑战的数学题，他脸上那种"我会了"的骄傲，胜过所有的表扬和奖励。

成长型心态：一个人不断奋进的内驱力

斯坦福大学心理学教授卡罗尔·德韦克提出，人的心态有两种模式：固定型和成长型。拥有固定型心态的人认为：人的智力和才能都是先天决定的，不管后天如何努力，也不会有什么大的改变。而成长型心态的人则认为：智力和天赋这些先天资质只不过是人生的一个起点，每个人都可以通过后天的努力实现更多的突破。成长型心态的人，也正是有内驱力的人，他们会为了一个目标不断努力。相信只要再努把力,就能够实现更高更远的目标。这类人不怕失败,因为他们认为挫折和失败正是通往卓越的必经之路。即使发现了自己的局限性,他们也会努力去寻找突破。德韦克还表明:"成功者的特征大多是热爱求知,勇于挑战,重视努力的价值,不逃避困难。"德韦克认为,成长型心态构成了一个人不断奋进的内驱力。

要激发孩子的内驱力,培养他的成长型心态非常重要。固定型心态的孩子在面对学习困难的时候很容易放弃;而成长型心态的孩子有一股不服输的劲儿,即使失败也不会心灰意冷。

成长型心态从哪里来?原本,每个孩子都拥有这种心态,因为探索是孩子的天性。但过度管教的教育方式,摧毁了孩子的成长型心态。比如父母什么都帮孩子做,其实是向孩子传递这样的信息:我不会做、做不好,所以爸爸妈妈才帮我做。没有他们,这些困难我是克服不了的。于是,遇到什么事情他们都习惯等、靠、要,而不是自己想办法解决。那自然无法更好更快地成长。尽管父母的本意并非要培养他们这种心态,但做法却造成了这样的后果。其实父母帮孩子做,是对孩子缺乏信心。所以,无论帮忙的时候态度有多好，也会给孩子的内心输送这种感觉：我不行。这种亲子关系无论表面是否和谐，本质都不健康，实际上还是一种控制。

不帮孩子做，相信孩子能做到，这本身是对孩子的支持和接纳，而支持和接纳会让孩子产生归属感。归属感对亲子关系的和谐十分有利。在一个家庭里，唯有健康的亲子关系，才能增强孩子的自我认同感和积极进取的心态，才能激发孩子的内驱力。在学校，孩子与老师的关系更健康，才会采取更加积极的态度面对学习。人是社会性动物，我们需要知道自己的行为对别人及这个世界的意义。孩子也需要在与周围环境的互动中确认自己的努力是有意义的。当他感受到自己做的事情被父母、老师及他人接纳时，会产生更大的动力。

"支持自主型教养"有利于加强孩子和家长之间的纽带关系，而"控制型教养"则会冲淡亲子关系。当然，家长不能控制孩子，并不是说家长不能对孩子严格要求。我认识一位妈妈，她对孩子非常严格，但她会告诉孩子她为什么那么严格，为什么要设置那些规则。所以她的孩子们都很尊重她，与她的关系也非常融洽。只要我们家长支持孩子的自主，培养孩子的胜任能力和担当能力，家长和孩子的关系就会更加亲近。

亲近的关系会让孩子有归属感，反过来又有利于培养孩子的成长型心态，激发孩子的内驱力。

犯错：孩子成长的重要契机

你更能记住顺境时的经历和感受还是逆境时的？如果你仔细回忆，会发现，逆境时的经历和感受更让我们记忆深刻。这是符合大脑的运作规律的。大脑通过倾听、观察、体验来获取信息，然后，大脑将这些信息转换成自己能够理解的表述，这个过程叫作编码。

一天之中，我们要获取成百上千种信息，但不会将这些信息全部存入长期记忆中。对于那些我们认为重要的信息，大脑会进行组织、分类、排序，使之成为可以储存并在后期可以取用的资源，这个过程叫作巩固。而最后将这个资源内化的过程，则是检索。最后的检索过程很关键，我们在实际应用的过程中会给这些信息做上标记，以便今后取用，标记就需要检索。而从大脑中检索出来并应用于解决问题，我们就能强化和巩固这个知识。所以，这就是为什么死记硬背和机械教学不可取的原因,没有深入的过程,便无法形成持久的内化知识。

精通某一种知识则意味着能够熟练地在已有知识中进行检索,并结合新的情况进行创造性的理解和运用。要做到精通,孩子需要再现并应用原有的知识,并将这些知识与其他的理论进行关联,然后以自己的方式向他人展示自己的理解,或者将这些知识在自己的实践中加以应用。只有当你有能力将知识灵活运用或传授给别人时,才能说明你真正掌握了这一知识。

而知识来得越容易,在大脑中存储得就越不牢固,那么就没有机会进行检索运用或传授,最后,则掌握不了这些知识。相反,为了知识付出的努力越多,越能强化自己对知识的理解。而犯错、失败以及从失败中总结教训,再不断地尝试,就是在强化知识。一帆风顺的学习则没有这个强化的过程,也无法进行更多的检索、关联、应用,那么对学习是不利的。错误加深了我们对事物的体验,从而让我们难以忘记。这就是我们对逆境中的经历记忆更深刻的原因。如果我们最终能从错误中走向成功,内心的成就感和满足感会让这种体验更加丰富,进而对这些知识印象更深刻。所以,困难和失败并不是学习的大敌,逃避学习中的困难和失败才会给我们带来巨大损失。其他事情也是这样，犯错是成长的重要契机。

心理学家伊丽莎白·比约克和罗伯特·比约克说，真正的求知和深刻的学习，从来都不是一帆风顺的，挫折是"必要的体验"。比起那些轻易得来的知识，经历一些困难后收获的知识，能更有效持久地存储在大脑中。有些小错误反而能促进情感和认知能力的成长。

可是很多父母却不愿意孩子失败、犯错，都希望他们一帆风顺。在我的教师生涯中，就遇到过很多这样的父母，他们说孩子害怕失败、困难，他们也因孩子学业不顺而焦虑不安。我建议他们去观察自己的孩子，看看当孩子出于自己的意愿自发地去做一件事时，孩子还害怕失败吗？他们惊讶地发现，那个写作业时一看到不会的题目就立刻缴械投降的孩子，在玩游戏时绝对不会轻易投降，一关一次打不过就再来一次，再来一次，直到过关为止。看，我们的孩子并没有失去面对挫折的勇气，他们只是失去了为学习迎战失败的兴趣。

所以，我们要做的不是阻拦孩子犯错、失败，而是不要破坏或为他找回对学习的兴趣——内驱力，然后鼓励他去试错，并陪伴他从错误中走向成功。尽管，找回已经丢失的内驱力不是一件容易的事，起码我们现在意识到了，并知道怎么做了——看到孩子遭遇困难、失败时，请忍住那双蠢蠢欲动的手，袖手旁观吧。

第二章

忍住！别插手，培养孩子的自主性

做"支持自主型"父母，适度参与孩子的学习和生活，在他需要的时候，为他提供陪伴、建议、引导、鼓励等支持，在他不需要的时候，学会闭嘴、放手，默默地关注就好。

让孩子为自己的错误承担后果

当我允许孩子自己去做时,他们的生活发生了明显的变化。

我的大儿子几乎可以完全自理他的生活了。他在日历上做好标记,提醒自己要做的事情;列出上学之前自己要做的事项清单,提醒自己不要丢三落四;整理升学的各种表格,将需要我阅读签字的表格拿给我签字;订购上学的必备用品,收拾为期两周的露营装备;在我外出没有接到电话的时候,在桌上给我留下纸条。我的小儿子芬尼根,过去习惯我为他代办一切,现在不用我唠叨,他开始早起并迅速收拾好一切。他还自己打扫房间,收拾书桌,计划何时完成当天的作业。有一天他把浴巾落在了游泳池,回来后立刻吸取了教训,开始列清单。最让我惊讶的是,当他看到哥哥可以自己洗衣服时,让我也教他使用洗衣机和烘干机。

孩子们确实发生了很大的变化,但依然还是会犯错。

有一天,芬尼根照例收拾好书包出门了,他刚出门,我就发现他的数学和拼写作业正静静地躺在客厅的咖啡桌上。我立刻看向窗外，校车还没有走，芬尼根还没有上车，正在跟他的朋友聊天。显然，他完全没有意识到自己落下了什么。我看看落在桌上的作业，再看看窗外的儿子，如果是以前，我会毫不犹豫地把作业送给他，或者大喊一声让他回来取。但是今天不行，我说过了，要让他自己去做，哪怕他会犯错。就在我犹豫间，校车开了。

接下来，我尽力像往常一样工作。按照日程安排，待会儿我要经过儿子的学校，我完全可以顺便把芬尼根的作业送到他的教室，甚至可以不让他知道，趁课间他出去玩时，偷偷塞进他的书包。他的作业我看过，完成得很棒，昨天晚上整整做了两个小时，如果仅仅因为忘带作业而被老师批评，他一定会很难过。

我拿不定主意，焦躁不安，于是在社交媒体上发了篇帖子：

我一直认为父母放手，允许孩子犯错，考验最大的是孩子，今天才知道父母也经历着严峻的考验。儿子把作业本落在了家里，我该不该把他的作业本送到学校？如果不送，儿子的课间休息时间就会用来补作业，这样他一定会很难过，因为他明明认真做了作业，只是忘带了而已。想到这儿，我也很难过。如果是你们遇到这种情况，会怎么做？

很快，社交媒体上就有了回应，部分网友认为不送。

允许孩子犯错，包括允许他为错误承担后果。如果父母为孩子承担犯错的后果，孩子就会认为犯错没有代价，那么以后他可能还会忘记带作业。这样他还能从犯错中得到成长吗？父母不可能永远为他的人生兜底，今天可以给他送作业，将来高考时就一定来得及给他送准考证吗？

网友的话戳中了我，是呀，允许孩子犯错，是为了让他从中得到成长，如果给他送作业，不是违背了我的初衷吗？

但也有网友表示强烈的反对。

我认为，不管我们多么努力，生活中一时的走神也是难免的。我们成人不是也有这样的时候吗？何况孩子学习压力大，更是在所难免。如果孩子按时完成了作业，还写得那么用心,我们为什么不可以为孩子弥补一点错误呢?所以我一定会把孩子的作业送到学校。

这位朋友说的也有道理。必须承认,如果有朋友落了钱包,或是我丈夫忘拿 U 盘,我都会毫不犹豫地给他们送过去。为什么轮到孩子,我就这么纠结呢?

整个上午我都在想这个事情,最后,终于有了答案。不给孩子送作业和不给丈夫送 U 盘,性质是不一样的。首先,代价不一样。不给孩子送作业,他最多是被老师批评,然后牺牲自己的休息时间补作业,影响的是他自己。不给丈夫送 U 盘,影响的不仅仅是他自己的工作进度,还会影响其他跟他工作有联系的同事乃至整个公司。而今天不给芬尼根送作业,不就是为了让他从中吸取教训,将来工作了不至于犯忘记带 U 盘的大错误吗?

其次,我对儿子有教养责任,对其他人没有。儿子如果没有成长好,我会受到指责。所以,在其他人面前我可以"扮好人",但在儿子这里我必须当一时的"恶人"。比起今天他一时的开心,明天他对我的感恩更加重要。

我想通了!

身为父母,没有谁想看着孩子把事情搞砸,更没有谁明知他们会因此受到批评而不加阻拦，但是，我们更不想看到的是，他们将来面对无法收拾的错误而痛苦不堪。今天我把他的作业送到学校，他一定会满脸微笑给我一个温暖的拥抱，感觉到有我非常"安全"，我也会因此感觉到非常自豪，我是个"有用"的妈妈。但这种安全却为未来埋下了隐患，我的自豪将来也会转变成无力感。我们教养的出发点，要建立在他们长远的需求上，而不是为了满足我此刻的心安。

允许孩子犯错，难的是剔除"全心全意为孩子服务，成为一个完美父母"的潜意识。

想到这里，我再也不理那还躺在咖啡桌上的作业，心安理得地工作起来。

工作完毕，我为儿子做了他最喜欢吃的烤饼干。这是我应该做的，而为自己的错误承担后果，是他应该做的。黄昏，芬尼根走进家门，他的脸上并没有难过的表情。我问他作业本的事情，他说老师并没有很严厉地批评他，但是惩罚他多做一些练习题，并要求他明天把作业带去。

看来犯错并没有让儿子受到伤害，他完全可以承担这个后果。

之前，我和芬尼根讨论过一定要在前一天晚上把作业装进书包,这样就不会落下作业。但是这次他依然忘记了,说明我们之前的策略不够好。于是芬尼根重新调整了策略,他写了一张便条——"不要忘记带作业!"贴在书桌前的墙壁上。每天晚上做完作业,一抬头他就会看到这句话,于是立刻把作业装进书包。从此以后,他几乎再也没有忘带过作业。

错误并没有让芬尼根受到什么伤害,倒是我杞人忧天了。反而让他学会了如何承担后果,以及如何避免再次犯同样的错。从这个小错误中,芬尼根成长了,我也成长了。这就是错误为我们带来的价值。

支持自主型教养:一种更平和快乐的教养方式

经过忘记带作业这件小事之后,我更坚定了自己的想法:允许孩子犯错,让他为自己的错误承担责任。但这不是说我完全不参与他的生活了,放任他,就让他凭借自己的内驱力自觉学习、主动做事。如果真是这样,也未必能达到最好的效果。因为人虽然有内驱力,但同时也有惰性。而且,丝毫不参与孩子的生活,也会让孩子感到茫然。尤其是对那些习惯了被父母安排的孩子。

所以，放弃"控制型教养"的同时，父母还要树立起另一种教养方式——支持自主型教养。"支持自主型教养"是支持孩子为自己的事情做主，但也会引导孩子为自己制定明确、合理的目标以及言行的界限；支持孩子去试错，但也会在孩子受挫时提供必要的支持。简单地说就是放弃唠叨、吼叫、说教、逼迫、代替等破坏亲子关系的教养方式，改为关注、陪伴、建议、引导、支持等促进亲子关系的教养方式。

良好的亲子关系、宽松的家庭氛围、父母提供的陪伴和支持，都会使得孩子更愿意去尝试、去试错、去创造。在一份对教师的问卷调查中，教师将"家长的积极参与"列为孩子学业成功的重要因素之一。老师们说，家长的过度参与固然不对，但一点不参与同样不对，参与的方式和尺度非常重要，那就是陪伴、建议、引导和支持。你可以不直接对孩子的生活指手画脚，但是孩子的生活你必须了解，以便在他需要的时候给他正确、合理的建议。比如按时去开家长会，为学校班级的集体活动出谋划策、提供帮助。

参与孩子的学习和生活，与代劳孩子的学习和生活有着本质的区别。前者教出独立勇敢、有韧性、有内驱力、积极主动的孩子，后者教出依赖、缺乏主动性、平庸的孩子。家长的适度参与，对孩子的学习生活习惯、情感健康、人格成长至为关键。

支持自主型教养和控制型教养对孩子究竟有什么影响，心理学家温迪·格罗尔尼克对此做过有趣的对比研究。在她的实验室里，几对母子在玩耍，温迪用录像机记录下他们玩耍的情景，三分钟后，判断每位妈妈与孩子的互动是控制型还是支持型。然后让妈妈们离开实验室，只留下孩子单独待在一个房间，让他们每人独自完成一项任务。结果是：被控制型妈妈教养的孩子独自玩耍时，一遇到困难就放弃了；而被支持自主型教养的孩子则没有出现这种现象，不管他们最后有没有克服困难，他们一直在尝试。

这个实验告诉我们，由支持自主型父母教养的孩子，独立能力、受挫能力、坚持能力、灵活面对问题的能力以及投入程度都更强，父母在与不在对他们影响不大。那么这些孩子更能胜任自己的学习和生活，也能在学习和生活中享受到更多的乐趣。

因此，做"支持自主型"父母，适度参与孩子的学习和生活，在他需要的时候，为他提供陪伴、建议、引导、鼓励等支持，在他不需要的时候，学会闭嘴、放手、默默地关注就好。

为孩子设定规则和界限

很多父母担心，如果允许孩子为自己的事情做主或者犯错，孩子会不会无法无天，成长为一个熊孩子。这种担忧是必要的。这需要我们为孩子设定一定的规则和边界，在这个规则和边界里自由成长。

设定规则和边界与插手孩子的生活有什么区别呢？设定规则和边界是社会的行为准则，是学校和课堂的基本纪律，是良好的生活、学习习惯，这些都是让孩子生活得更好的必要条件，是父母为孩子提供的成长框架。在这个框架内，父母不会对孩子的生活细节做过多的干预。而插手孩子的生活指的是对孩子生活、学习的细枝末节指手画脚，让孩子听从自己。所以，设定规则和边界是让孩子在正确的范围内快乐地做事。

如果没有这个框架，只是一味地允许孩子犯错，那么孩子可能会去试探那些不应该试探的事情，比如犯罪。所以，设定规则和边界，是让他们生活得更安全，也让父母更安心。不伤害别人，不影响他人，长远来看不会给孩子的生活带来不良影响，在这个前提下，我们允许孩子自由地去探索。

父母为孩子设定规则和边界要非常清晰，模糊的边界会成为孩子违反的借口。比如晚上 8 点之前要回家，10 点前要睡觉，每天的作业一定要做完；和同学之间可以争执，但不能骂脏话和打架；对父母要尊重、敬爱。这是他们行为的准绳，也是父母不会退却的底线。父母画的框架越简单清晰，孩子执行起来越方便。这样成长起来的孩子，既有试错的勇气，又不至于因犯错成长为不良少年，造成不可收拾的后果。

不过，有时孩子会试探我们的界限，所以父母的态度要坚决，不能退让。如果孩子违反了界限，要给予一定的惩罚。设定界限，是告诉孩子：我包容你犯错，但并不会纵容你胡作非为。

这样做，会不会让孩子反感，从而破坏亲子关系？事实上，只要父母的态度和蔼，这样做反而能得到他们的尊重。因为父母在给他们制定规则的时候就告诉他们了，这是父母的底线，不容挑战。其次，父母并不是没有给他们自由。所以这样的父母是既民主又有威严的父母，反而更值得他们尊重。

那如何让孩子做到自律呢？父母可以和孩子一起商量出一套规则，让孩子在规则的指导下学习和生活。在这个过程中，父母不必过度管教，具体怎么做由孩子做主。也许这样做还是有一点"控制"，但程度已经很小了。当孩子意识到自己对自己的事情有更多的控制权时，他会更加积极主动。

控制会破坏孩子的自主性，但这不代表我们不对孩子提任何要求。事实上，每个孩子都需要家长和老师为他们设定一定的界限。没有界限，孩子自己就会先感觉到混乱。比如，在一个班级里，老师如果不设置一定的规则，不对学生的言行做出明确的要求，这个班级的学生就会陷入混乱，学生也会因此焦虑和不专心。相反，如果老师设置了一定的规则，学生反而能放松且专注地学习。

帮助孩子养成新习惯

让孩子为自己的事情做主,同时又要避免他们陷入混乱,最好的方法就是养成良好的生活和学习习惯,并将它们变成一种日常。

我在戒掉随时为孩子解围的习惯之后,开始教我的儿子如何打理自己的生活。我教他们如何使用家用电器,如何做分内的家务,但更重要的是,我要教他们如何养成新的习惯,如何记住那么多的任务。

在《习惯的力量》一书中,查尔斯·都希格说,习惯的产生遵循一个基本的反馈回路:提示—惯例—回报。比如,每天下午3点钟左右他都会吃一块饼干。饥饿感这个提示引发了吃一块饼干这个惯例,回报就是解除了饥饿感,身体和心理上得到满足。为了培养新的习惯,你需要给出一个新的提示,并培养出与这个提示相对应的惯例,然后,执行这个惯例就会得到相应的回报。

我们说过,奖励对内驱力的作用不大,无法让你爱上一件事情本身。但对那些需要重复的细小琐事,却有不小的鼓励作用。所以在养成新习惯上，可以试试奖励的作用。我曾在家里开过一个家庭会议，讨论如何为新习惯创建一个新的提示。我问孩子你们想怎样安排放学后的时间，两个孩子都说他们想先写作业，这样可以踏踏实实地玩耍，但是常常做不到，总是先玩了才做作业，导致作业总会做到很晚。

对现在的孩子来说，自律的最大敌人是电子产品，几乎没有人能抗拒电子产品的提示音：只要一响，我们就会立刻想要打开看一看，注意力因此被分散。要改变这一点，有两个方法：第一，家里不要用电子产品，这个好像很难做到。但是确实有极少一部分人是不用智能手机这种电子产品的。第二，把提示音屏蔽掉。可以关掉手机或iPad，或者把它们的提示音关掉。为了帮助两个孩子改善这一点，我和他们将关掉手机和iPad作为一个惯例，纳入写作业的过程中，只要准备写作业，就先完成这个动作，事实证明，效果不错。

现在，在我家里，备忘清单已经成了大家喜爱的提示方式，而且，我惊奇地发现，表扬孩子的掌控能力和努力程度，是一个力量强大的激励办法。我本以为，我们必须制定出很多奖励方案，才能让孩子们形成好习惯，但是后来我发现，不断增长的自立能力，才是孩子们一直渴望的回报。

当然，改变从来就不是一件容易的事情，尤其是在刚刚开始的时候。孩子们做不到，无法坚持，发牢骚，满腹怨言，也考验着我的耐心。但是，我坚持不用物质奖励，就算给他们物质，那也跟要努力的事情无关。我只表扬他们的掌控能力和努力程度，告诉他们，成功后的满足感和成就感会让你觉得一切都值得。

我想把这个观念植入他们的内心——如果你想做一件事，那只是因为你想做。

控制型父母和支持自主型父母的区别

总结来说，控制型父母和支持自主型父母有几个重要的区别：

1. 控制型父母喜欢喋喋不休地给建议，支持自主型父母教孩子如何面对错误

具体表现为：

1）在孩子做一件事情之前，喋喋不休地给孩子建议和指导。

洗碗机不是这样用的，把盘子放进洗碗机之前要先洗过。

大盘子放在左边，小盘子放在右边。

不要把盘子放在水槽里，马上就洗！

2）在孩子做一件事情后，喋喋不休地抱怨和指责：

早就跟你说过洗碗机不是这样用的！

大盘子放在左边，小盘子放在右边。不是跟你说过吗？

你看看，洗过的碗还有饭渣，盘子要马上洗，不然饭渣就干了，洗不掉了。

无论是事前的建议还是事后的抱怨，都是不允许孩子犯错。

事前是：必须按我说的去做，否则你就会做错。事后是：为什么没按我说的去做，你看，做错了吧！这是不接纳孩子犯错。每个人做一件事情都有自己的方式和习惯，没有原则上的对错。强迫孩子按照你的方式用洗碗机，是对孩子意志的一种操控，是对他洗碗能力的不信任，是不允许他失败——洗得不好，那么肯定会给孩子带来不舒服的感受，必然会影响孩子继续洗碗的欲望。所以，一厢情愿地给孩子建议和指导，表面上是想帮助孩子，潜意识里是想控制孩子。

那难道不可以给孩子建议了吗？当然可以。支持自主型父母会先让孩子去做，如果做得不够好，再给孩子建议。

比如，孩子没有清洗盘子上的残渣，就直接放进了洗碗机，你看见了可以默不作声。等他取出盘子时，就会发现盘子上面的残渣没有清洗干净。这个时候，他可能会问你："妈妈，为什么洗碗机洗不干净碗呢？"这时，你再顺势告诉他。这样，孩子不会有一点不舒服的感觉。因为，首先你允许他犯错。其次，孩子来请教你，那么你告诉他就没有说教、操控他的意思。就算孩子没有问你，你这时告诉他正确的方法，他也会更容易接受。因为事实证明了他的方法不够好。

所以，孩子什么时候需要你给建议，你再给建议。其他时候，都让他去尝试，错了也没关系。童年时，大部分的错误都很小，不妨让孩子错一错，这正好是他学习的大好时机，也是促进亲子关系的好时机——帮助孩子渡过困难当然会促进亲子关系。而一厢情愿地喋喋不休地给孩子指导，是非常讨孩子嫌的。所以，允许孩子犯错，从管住自己的嘴开始。

其次，面对孩子的错误不要反应过于夸张——"天哪！你怎么用个洗碗机都不会？！"这会让孩子觉得："怎么，我没做好这件事，世界就垮了吗？"这种夸张的反应，只会强化孩子对失败的恐惧。我们可以用温和幽默的方式来对待孩子的错误，微微一笑："没关系，妈妈来告诉你怎么做。"那么孩子会愿意再次尝试。

2. 控制型父母会直接代劳，支持自主型父母放手让孩子去做

比喋喋不休地给建议更严重的是直接替孩子做：

你去玩吧，我来做。

我们现在必须赶紧去学校，放那儿吧，等我回来我来做。

不对不对，不是这样，算了还是我来做吧。

有时候，直接替孩子做确实省事，在你赶时间的时候、没有耐心的时候、不想收拾残局的时候，与其等着孩子慢慢研究，不如自己做了。但是，这样做一时是省事了，长久来说却更麻烦了。他没有学会，你就要一直替他做。他学会了，你以后不就可以休息了吗？而且，我们养育孩子的目的不就是让他们学会做很多事情吗？

所以，支持自主型父母会放手让孩子去做，他们会更有耐心，不嫌麻烦，一遍遍让孩子去尝试，在孩子需要时提供帮助，直到孩子能独立做好为止。他们明白不必为孩子的生活冲锋陷阵，只需要做好孩子的坚强后盾。

3. 控制型父母长用物质奖励换取孩子的良好表现，支持自主型父母奖励过程中的努力和坚持

你收拾一个玩具，我就给你一颗糖。

如果你每天早上都起来遛狗，我就给你买一双新运动鞋。

如果不用我催，你能主动洗一周的碗，我就给你买你一直想要的那款游戏机。

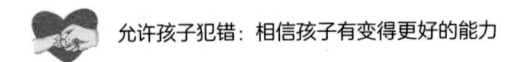

这样的交换条件，相信每个父母都曾开出过，而结果却未必尽如人意。为奖励去做一件事情，除非这个奖励一直都在，否则，诱饵一旦消失，相应的行为也会消失。

如果真的要用物质奖励给孩子动力，不要只是奖励结果，可以奖励过程，尤其是要奖励过程中孩子的努力、坚持、认真、付出等态度和品质。

今天你很认真地收拾玩具，奖励你一颗糖。

最近这几天你都坚持起来遛狗，奖励你一双运动鞋。

虽然这次考试没考好，但妈妈看到你付出了很大的努力，奖励你一直想要的那款游戏机。

同样一件事，同样的奖励，但奖励的对象不同了。原来奖励的是结果，做到了才有奖励，本质上是交易。现在奖励的是过程，只要认真努力、坚持付出，不管结果如何，都有奖励。只有这样，孩子才肯继续努力付出，而这是好结果的前提。这样不管结果如何，孩子都能得到肯定。另外不同的是，控制型父母的奖励是诱饵，先抛出去，把孩子的注意力引向诱饵；支持自主型父母的奖励是意外，之前不说有奖励，孩子的注意力是事情。所以，支持自主型父母培养出来的孩子专注事情以及过程，并容易养成良好的做事情的品质。

最后，不要什么事情都奖励，更不能轻易大肆奖励。比如收拾自己的书包、认真做作业等，本来就是孩子应该做到的事情，所以不需要奖励。如果什么事情都奖励，孩子就会养成没奖励不做事的习惯，做一点小事就是英雄的心理，反倒对他的成长不利。

4. 控制型父母直接给答案，支持自主型父母启发孩子自己找答案

控制型父母不给孩子思考问题的机会：

宝贝，5乘以4等于20，你知道吧，写在这里。

这个单词不会写吗？来，我给你写在这里。

这个故事告诉了我们什么道理呢？告诉我们……

这道题不是那样做，应该这样做……

不等孩子去思考，就急于告诉他们答案，也是一种代替，代替孩子思考。我们说过，由错误到成功的经验会让孩子记忆更深刻，所以要让孩子自己去寻求答案。家长告诉孩子答案，不仅剥夺了孩子探索的乐趣，更剥夺了孩子找到答案那一刻的成就感。

支持自主型父母会启发孩子自己去寻找答案：

5 乘以 3 等于 15，那么 5 乘以 4 呢？

为什么把热水倒进冷杯子里，杯子容易裂开呢？

这个故事到底是想告诉我们什么呢？你看出来了吗？

低头看看这个按钮，有些地方不太对劲——你能看出来问题在哪里吗？

支持自主型父母在教孩子知识时，是用一个个问题去启发孩子思考，而不是一个答案提供者。这仍然需要父母有耐心，等待孩子去寻找答案，从一个个错误的答案走向正确的答案。比起具体的指导，孩子更愿意听那些能启发他们自己找到解决方案的场外观察点评，因为这样，孩子会感觉找到解决方案的是他自己，而不是你。

5. 控制型父母为孩子安排一切，支持自主型父母让孩子自己做决定

先做数学作业，再做拼写作业。

在桌子这边做作业,这样我能看见你。

做完作业再去洗澡!

控制型父母事无巨细地替孩子安排好一切,做什么不做什么,先做什么后做什么,怎么做,做到哪一步……这样做父母真的很累,孩子也累,因为他成了你的提线木偶,毫无感情地执行着你的命令。这样怎么会有内驱力?

而支持自主型父母只给一个大概的范围:

晚上9点前做完作业睡觉!先做什么你自己安排。

你想先写作业还是先洗澡,自己安排,只要在晚上9点半之前完成这两件事就好。

妈妈提议你报一个兴趣班,你想报什么呢?

让孩子自己为自己的事情、时间、精力做主,成为自己的主人,他才能真正为自己负责。而由别人安排,他会觉得是在为别人做事情,自觉性、主动性都会大打折扣。

6. 控制型父母只在乎结果和成功，支持自主型父母把过程、成败看得一样重要

只有取得好成绩，考上好大学，你的人生才有意义。

做了一遍又一遍又有什么用，最后答案还是错的。

学了那么久，最后还是没考上好的中学。

在控制型父母的眼里，结果没有达到目标，努力就没有意义。那么孩子会觉得，既然我的努力没有用，不被肯定，那我为什么还要继续努力呢？所以，轻轻松松就毁掉了孩子的内驱力。

但支持自主型父母是这样和孩子沟通的：

错了一次又一次，可你还在尝试，你太厉害了！

为了这一天，你这几个月都在认真练习，我为你的坚持感到骄傲。

虽然最后没有成功，但你知道了什么是错误的方法，以后就能避免，所以现在你离成功又近了一步。

想想这样说，你为孩子的内心输入的是什么：尝试、

错误、失败、坚持、过程都是有意义的，我只要继续这样做，有一天就可能成功。就算这件事不成功，用这样的精神做其他事情，也会成功。那么孩子做任何事情都有内驱力。

让孩子看到犯错的意义，就是在孩子犯错时，给予他们和成功时一样的爱与支持，不让他们以失败为耻。父母要帮孩子汲取失败的教训，寻求突破的方法，但不能讥讽他们。

7. 控制型父母不在乎孩子的感受，支持自主型父母认同和理解孩子的沮丧和失望

无关紧要的人只会为你的成功喝彩，而爱你的人却心疼你过程中的辛苦、沮丧和失望。可是，控制型父母却沦落成了孩子"无关紧要"的人，只在乎孩子飞得高不高，不会过多关注孩子在飞翔过程中的感受。

但是，最难熬的是过程：

第一次做不好的时候，他会抓狂。

努力了很久，成绩还是没有提高，他会沮丧。

晚上十点半，作业还没有做完，有两道难题还没有攻

克，又累又焦虑。

看到别人都取得了好成绩，自己成绩却不好，挫败的感觉淹没了他。

控制型父母自动忽略了孩子的这些感受，认为孩子是没有感受、没有情感的机器人，他们的存在就是完成自己定下的目标。

这样成长起来的孩子太可怜了！

每个人都需要被倾听、被理解，孩子更是如此，这也正是亲子之间形成情感联结的时候。当孩子看到你对他各种感受的认同和理解，那么他就更有动力熬过失败与挫折了。

所以，在他们搞砸的时候，我们要理解他们的感受，爱他们，因为那个时候，他们最需要我们的支持和爱：

我能想象，这道数学题让你感到多么挫败，但是当你弄明白如何解答时会感觉自己很棒，对不对？

我知道，你那么努力完成的作业，老师居然打了这么低的分数，你一定很灰心。别灰心，咱们一起来找一找原因，是不是方法不对？

这种表达，既理解了孩子的感受，同时又鼓励孩子继续前进。

控制型教养和支持自主型教养之间的界限，有时候很模糊。一些控制型教养行为，比如没有把握好度的奖励和表扬，很容易被误认为是积极的教养行为。在教养的路上，我们也会犯错，就像允许孩子犯错一样，我们也要允许自己犯错。只要我们爱孩子，让孩子知道我们的爱不会因为他们表现得好与坏而有所不同，那我们的这些错误就伤不到孩子。

研究显示，最糟糕的控制型父母要么把对孩子的爱闷在心里，要么根据孩子的成败表达喜怒。这会伤害到孩子内心最脆弱的地方：最基本的安全感被破坏，害怕被父母抛弃。即便是很细微的情感疏远，也会对孩子的安全感造成很大的影响。所以，当你发现自己对孩子的表现感到失望时，就要注意与孩子的沟通方式，尽量不要表露出消极情绪。

在我们刚刚放弃这些控制型教养方式时，心理上可能会有些不适应。但是，随着我们渐渐发现依赖型孩子的弊

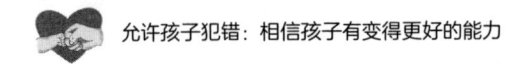

端和支持自主型教养的积极效果时，就会明白，所有这些支持孩子自主的教养行为，并不是什么革命性的壮举，更像是我们本该清楚的常识。

第三章

夸奖与自驱型成长

夸奖可以激励一个孩子，也会毁掉一个孩子。恰当的夸奖会鼓励孩子不惧失败、敢于尝试，而夸张、不切实际的表扬，则会伤害孩子的自尊，让孩子在困难面前止步。

你的称赞方式将改变你的孩子

有一天，我和朋友艾琳娜聊起她的女儿奥利维亚。

一年前，奥利维亚的头部受了重伤，失去了记忆。开始大家都觉得她的记忆还会恢复，但是，漫长的等待并没有等来记忆的恢复。艾琳娜和丈夫决定结束等待，女儿的人生还要继续，他们必须接纳孩子现在的样子。

奥利维亚一直是一个聪明能干的孩子。当然，没有了过去的记忆，现在的奥利维亚也不差。我问艾琳娜，这一年来，她在教养孩子方面有什么变化。她回答道：

我夸孩子的方式完全变了。以前我只会对孩子说："你们真聪明、好棒。"但是对奥利维亚，我不能再夸她多聪明多有天赋，因为她已经忘记了自己以前的成绩。失忆后的奥利维亚很努力，想弄清自己是谁，将会成为什么样的人，所以，我总是夸她很努力，夸她在面对挫折时依然相信自己。我这样夸奥利维亚，然后也开始习惯这样夸奖家里的其他孩子。我的称赞方式慢慢改变了我的孩子，尤其是年龄还小的几个孩子。他们对自我的认知，对自己潜力的认识发生了很大的改变。

在我们的固有认知里，夸奖孩子是一种积极的教养方式，我们常说，优秀的孩子都是夸出来的。其实，夸奖是一种看似简单实则很难掌握的育儿工具。

夸奖可以激励一个孩子，也会毁掉一个孩子。恰当的夸奖会鼓励孩子不惧失败、敢于尝试，而夸张、不切实际的表扬，则会伤害孩子的自尊，让孩子在困难面前止步。

不是所有夸奖都能达到一样的效果。"你真聪明"和"你的作业做得真认真，完成得这么好，你自己一定也很高兴吧"都是在夸孩子，但两者之间却截然不同。前者是对孩子做出评判，即使是积极正面的评价，也会对孩子以后的表现造成不利影响。"你真聪明"是贴标签，评价孩子的天赋，而不是他做事情的态度。如果我总是夸我儿子聪明，其实是在告诉他因为他的聪明，才将事情完成得这么好，才会获得我的夸奖，那么，为了保住"聪明"的标签，他就会放弃需要努力才能完成的事情，更不会尝试那些有可能失败的事情。因为他心里想的是，如果他不再聪明了，我就不会夸奖他，也不会爱他了。但是，如果我夸他努力，比如上周他编写故事时非常努力，我为他感到自豪，那么，我是在肯定他的态度和行为，是支持他后天的努力，支持他做事本身，而不是他先天的天赋。

两种不同的夸奖方式，会成就孩子不同的心理模式。

卡罗尔·德韦克和她的同事让几百名青少年做了十个小测试。测试之后，有一半的学生得到了这样的夸奖："哇，你做对了八道题，这个成绩真棒。你一定是这方面的天才。"而另一半学生听到的是这样的夸奖："哇，你做对了八道题，这个成绩真棒。你做得一定很用心。"

在受到夸奖之前，两组学生的表现差不多，但在得到夸奖之后，两组学生开始表现出不同的倾向。总被夸是"天才"的那一组学生形成了固定型心态，在选择任务时，为了保住"天才"这个标签，他们会放弃挑战性比较强的任务，选择那个更容易完成的任务。被夸赞"很用心"的那一组学生则表现出成长型心态，他们更愿意去通过努力实现"真棒"的成绩。

孩子在成长过程中，会期待老师或者父母帮自己找到自己的位置，全面地认识自己。但是，如果我们想通过大肆赞扬他们的固有品质，来提升孩子的自尊，那么我们就是在帮倒忙。因为这样做，不仅使他们形成了固定型心理模式，还破坏了他们对老师的信任。当一位老师在教室里走来走去，夸奖这个学生"很聪明"，那个学生"很棒"时，学生们就会觉得自己被骗了，因为他们知道，不可能每个人都是天才，于是他们会质疑老师的诚实性和判断力。

父母的夸奖方式不同，孩子的心理模式也会不同

关于不当的表扬如何毁掉孩子，如何造成他们对我们的不信任，斯坦福大学教育学教授威廉·达蒙这样说道："即使是出于最好的意愿，不够诚实的交流也将不可避免地产生副作用。其中之一就是，孩子们早晚会看穿这些对他们不够中肯的评论。"——不当的表扬，会破坏孩子对我们的信任。

教养博客"成长与飞翔"的作者丽莎·霍夫曼，也是两个孩子的母亲，她呼应了这一观点：

除了持久的爱，我们和孩子关系中最重要的一点，就是我们的可信度。夸孩子在明显不擅长的某件事上很有天赋，就是在破坏孩子对我们的信任，这种做法并不能提高孩子的自尊，因为他们迟早会发现自己并没有我们说的那么棒。

如果我的孩子确实没有某方面的才能，我会直言不讳，因为这种坦白意味着我的表扬也更真实。父母不应该以破坏孩子对我们的信任为代价来夸赞孩子。

盲目的夸奖还会让孩子变得不自信和不愿意试错，他们会为了得到父母的喜爱和认可，去拼命维护自己的完美形象。想象一下，一个一直被夸是数学天才的孩子，碰到了一道没做过的题，也理解不了，为了不让老师和父母失望，他一定不愿意去挑战，也没有勇气说出没有十分把握的答案。大多数时候，他会选择放弃。但事实的真相是：每一件事都不容易，每一条路都会犯错，应该允许自己犯错。

为了测试孩子在挫折和失败面前的反应，探讨不同心理模式对孩子的影响，德韦克给那些被夸赞"聪明"和"努力"的孩子做了一组更难的测试。结果，那些被夸赞

"聪明"的孩子更容易放弃，而那些被夸赞"努力"的孩子，却在挫败面前表现得更加努力用心。这些学生没有放弃，因为他们并没有觉得失败是自己不够聪明，而是自己的努力不够，或者其他原因。这些接受挑战的孩子还说：问题的难度越大，乐趣越多。

这说明，拥有成长型心理模式的孩子在享受乐趣，而那些固定型心理模式的孩子却放弃了探索。即使在后来的实验中，德韦克将难度降低，那些固定型心理模式的孩子成绩还达不到第一轮测试时的水平，他们不能很快从失败中恢复过来。

在最后一次测试中，德韦克还特意设置了一个有点"阴险"但很有启发性的环节，她让参加测试的孩子们写下自己对这些问题的感想，并标出自己的成绩。那些被赞为"聪明、天才"的孩子中，有40%谎报了自己的成绩。

德韦克在她的《心理定向与成功》一书中提到："我们把普通的孩子变成了说谎的孩子，仅仅是因为我们夸他们是聪明的天才！"

詹姆斯·M.朗在《作弊的教训》中写道："我们的一句'你真聪明'，无形中把孩子推到了过度自信和自我膨胀的状态中，并将导致各种负面的后果。"

一个人对自身知识、技能、思维水平的认知判断能力,被称为"元认知"。这种能力能让孩子判断、衡量自己是否有足够的知识和技能来胜任某件事情。元认知能力越好的孩子,越容易获得詹姆斯·M.朗所说的"自我效能感",这是一种相信自己能成功的信念。这种相信,区别于简简单单的信心,也不是基于家长大肆夸奖而产生的异想天开,而是建立在自己的某项技能或胜任许多事情的实际体验上的坚实信念。

孩子的自信并不是夸出来的,如果父母和老师改变表扬的方式,多夸奖孩子的努力和勤奋,肯定孩子的自主性和胜任能力,那些原本自尊感低的孩子会通过一点一滴的努力和一个个小成就,逐渐建立起自尊感。这种自尊,不是通过夸奖从"感觉好"中获得的假自尊,而是通过实际努力,从一件件真正做得好的事情中累积起来的真自尊。

从固定型心理模式到成长型心理模式的转变很难,更难的是在孩子成功或失败时,我们该怎样表达夸奖和鼓励。尤其是将很多人眼中的坏事——失败,与夸奖和鼓励联系在一起,很多父母感到难以做到。其实,只要在语言上注意方法,就可以实现。

只是,一个人的语言调整需要一定的时间,我们已经习惯了原来的表扬和鼓励模式，习惯了表扬孩子的先天特质，但只要愿意去改变，就能培养出新的模式，培养孩子的元认知能力和自我效能感。

让孩子具备自驱成长心态的夸奖方式

这是一些调整表扬孩子方式的好建议，也许，这些方法能够帮助你的孩子养成成长型心理模式，增强自我效能感。

1. 赞扬持续的努力，而非固定的特质

别再说"这次测验表现很棒！你真聪明！"，试一试这样说："这次测验表现很棒！我想你一定有积极充分的准备，快跟我们分享一下你都是怎么准备的？"别再说"我非常喜欢这幅画！你真是个艺术天才！"，试着这样说："你在色调处理和下笔角度上这么用心，我觉得你真的很努力！"认为努力和勤奋能让自己的智力增长的孩子，在面对失败时，不容易焦躁，而且更能在失败中坚持，甚至在体验的过程中享受到乐趣。

2. 以身作则，在你自己的人生中采用成长型心态

孩子不会听你怎么说，而会看你怎么做。如果他们看到你经历了失败却仍然不放弃，而是更加努力，就会明白，一件事情的失败，不等于一个人的失败。你是孩子最有影响力的榜样，所以，要让他们看到你是多么坚信成功在于自身努力，而不仅取决于先天才能。

找一件需要你迈出舒适区的事情，并努力去做。失败和犯错是学习的一部分，一旦我们走出舒适区，看到了舒适区之外的无限可能，会让你欣喜而振奋。

3. 面对失败，积极应对

面对失败，每个人都会有不良情绪，有的人可以自行调节，而有的人害怕面对失败的事实，以后遇事就逃避。所以，如果孩子在某件事情上失败了，我们要引导孩子正确面对失败，从失败中看到自己的不足之处，做出积极的应对。不必过于强调失败带来的损失和痛苦，而是多看看可以从失败中收获什么。

4. 让孩子明白，你对他们的爱不会因他们的失败而减少

失败会让孩子感到痛苦和尴尬，但是你的爱，以及你

和孩子之间的情感纽带，会缓解他们的痛苦和尴尬。你可以告诉孩子：你对他们的爱，不会因为他们失败了而减少。因为你爱的是他们本身，而不是他们的成功或成就，你会永远支持他们，而不是评判或不切实际地表扬。

5. 让孩子自然而然地感受失败带来的失落感

接纳孩子的失落情绪，也让孩子去接纳和感受他的失落情绪，不要着急安慰。毕竟，那是他的失败，不是你的，你也不可能时时刻刻都在他身边。你的耐心、安静甚至袖手旁观不是冷血，而是相信他有能力自己从失败中站起来并继续前行。

6. 不要急着营救，让孩子自己承担失败的后果

不要着急安慰，也不要着急救援。因为你的主动救援同样是在暗示：你不信任他，不相信他能自己找到解决方案。我们要支持孩子自己解决问题，支持他自己在失败中总结出教训，不必将一次失败看作是致命打击。如果他需要，我们可以帮助总结教训，思考应对方法，重新获得对这件事情的掌控感。当孩子懂得如何在失败的残骸中找到有价值的碎片，并拼接成新的成功策略时，真正的学习也

才正式开始。

最后,奥利维亚的身体恢复了,尽管她没有恢复记忆,但还是成功返回了高中,与她的同学一起考入了大学。

我不确定艾琳娜在教养方式上的改变与奥利维亚最终考入大学有没有直接的关系,但据我所知,当艾琳娜开始表扬奥利维亚的努力时,奥利维亚也开始能够面对失败的考验。这也让艾琳娜学到了一个伟大的技能:如何培养孩子的成长型心理模式。

第二部分

第四章

做家务：培养孩子的胜任能力

让孩子做家务，刚开始可能会让他们受挫，但如果因此什么家务都不让他们做，他们会更加不知所措，还会变成一个只关心自己、懒惰自私的人。没有能力，或许还可以通过耐心的教导来补救，但是改造一个自恋狂，将会面临更大的挑战。

完美纸杯蛋糕

一天下午,我走进英语课堂,无意间听到八年级的女生凯特正在跟朋友抱怨"好饿"。我问她是不是忘了带午餐,她说:"不是,我就是不喜欢吃妈妈给我做的午餐。"我没有直接告诉她解决办法——她完全可以自己做午餐,而是反问她,如果不喜欢妈妈准备的午餐,有什么方法不让自己挨饿?

"我可以出去买?"她说,但却用疑问的口气,并看着我的反应。显然,她对自己的答案并不确定。

"或者……"我提示还有别的选择。

"或者我可以告诉妈妈我喜欢吃什么,这样她就可以给我做我喜欢的食物。"这次她说话的语气坚定了一些,而且似乎为自己想到这么聪明的方法而感到高兴。

"还有呢……"我又问道。

她有点困惑,难道还有别的办法?我转向她身边的同学,这个同学一直都是自己做午餐。

"埃尔希,凯特想吃到自己喜欢吃的午餐,你觉得凯特可以怎么做？"

埃尔希脸一红，回答道："你可以自己做午餐，我就是这么做的。有时，我吃完晚饭就把第二天的午饭做好，这样第二天就可以吃到自己喜欢的午餐了。"

这回轮到凯特脸红了。

"噢……是啊，我可以自己做午餐。"

凯特果真这么做了。在最开始的一两个星期，她会特意当着我的面，说自己有多喜欢自己做的午餐。一个月之后，在她生日那天，她端着一大盘纸杯蛋糕来到我的办公室。

"老师，今天是我的生日，您要不要来一个纸杯蛋糕？我自己做的。"她很兴奋，满脸笑容。我拿了一个，她把剩下的分享给同学们，几乎每隔30秒，就会听到她兴奋的声音："这个蛋糕是我做的，连糖霜都是我自己做的！"

这一次，她终于有机会向我证明自己的厨艺有多棒了。

什么事都替孩子做了，孩子就什么都不会做了

过去，因为经济条件落后和育儿观念不同，父母往往会让孩子做一些力所能及的家务，但现在的父母，却很少再让孩子做家务了。我们不相信他们有什么胜任能力，看到他们尝试去做家务，我们会一把抢过来，觉得自己做得更好。不仅如此，在其他事情上，我们也喜欢为孩子代劳。这并不是个好现象，我们什么事都替他们做，他们如何成长为一个有责任感的、为家庭付出的人？

孩子自己铺好了床，我们还要再整理下；孩子叠好了衣服，整理好带褶的浴巾，我们还是不放心要重新整理一下。有一次，我让儿子用海绵清理牛奶污渍，他却弄得哪儿都是，于是我一把从他手里抢过海绵。我觉得他做得不够快不够好，还不如我自己做。这种总想插手替孩子做的冲动，你肯定也有吧？但结果呢？因此损失的要比得到的更多。

是把盘子洗得干净重要，还是为家里做了一件有意义的事情，由此体会到的使命感和自豪感重要？是将床单整

理得一条褶皱也没有重要，还是养成了做家务的习惯重要？父母的代劳行为，造成了孩子在成就感、好习惯和社交上的损失。有一天，一旦没有父母在一旁指挥，他们就不知道自己的方向和目标在哪儿了。

我让学生自己做午餐，不仅仅在于我怕她被父母惯坏、想让她历练自己，更是希望她能体验做午餐的所有感受，尤其是搞砸午餐的失败感。她会发现，把酸奶酪放在冰袋的下面，酸奶酪会被压扁，整个午餐袋就会变得黏糊糊的。她能够体验到，清理黏糊糊的午餐袋非常麻烦，于是下次她会尽量避免犯同样的错误。她需要体验所有这些小细节，并且学会避免这些麻烦的各种妙招。

我的一位朋友在遭遇了一场交通事故后，意识到自己得为家人列一份家务学习清单，让他们学会自己照顾自己：儿子要在周日把球衣洗好，因为周一训练要用；女儿要知道哪些衣服可以用烘干机，哪些不能；要告诉孩子们马桶堵了怎么办，怎么重启水压箱，停电了保险丝断了怎么换，冬天怎么保养割草机……在这之前，她从来没有"劳烦"孩子们做这些事，都是她自己打理。我完全理解她说的，如果平时我们不让孩子学做一些家务，那么当我们不在他们身边的时候，他们会很无助。

为了保护孩子免遭失败，而不让他们经历任何小挫折或学习处理各种小事，这都不是在帮他们。不管我们是出于追求完美的需要，还是表达爱意的渴望，或是为了证明自己是优秀父母，我们这样做，都是在剥夺孩子为家庭尽责任和义务的机会。我们扣留了失败赋予孩子的礼物，忘记了有时候最好的教养时机，就在克服困难的那一刻。

我的朋友，《纽约时报》的编辑戴尔·安东尼娅，给我讲过一个她亲身经历的故事：一天，她的一个朋友开车冲出她家已经结冰的车道，一头栽进了雪堆中。在场的大人吓坏了，可旁边的孩子却兴奋不已，他们不觉得这是件糟糕的事情，反而对如何把车弄回车道上这件事非常感兴趣。他们想出了各种办法，有的拿出猫砂，增强车道摩擦力；有的拿来铲子，铲掉地上的冰；他们还设计出各种各样的斜坡、杠杆和滑轮。为了让车开回原来的车道，他们一遍又一遍地试验着，失败了很多次，但每想到一个办法，他们就兴奋不已。安东尼娅至今说起这件事还惊奇不已，原本是一件沮丧的事情，可孩子们丝毫没有沮丧的情绪，所表现出来的乐观和热情超出她的想象。当车刚刚驶出车道的那一刻，孩子们好像正等着危机的发生，他们渴望展现自己的聪明才智,渴望证明自己的价值。他们丝毫不惧怕危机和困难,甚至渴望着危机和困难的发生。

所以,每一次我们剥夺孩子做家务的机会,实际上也剥夺了他们体验成就感的机会,剥夺了他们学习从挫败感中迅速复原的机会。

让孩子做家务,刚开始可能会让他们受挫,但如果因此让他们什么家务都不做,他们会更加不知所措,也会变成一个只关心自己、懒惰自私的人。没有能力,或许还可以通过耐心的教导来补救,但是改造一个自恋狂,将会面临更大的挑战。

十个碎盘子换来的自豪感

在和其他老师讨论孩子能做什么家务时,我越来越清楚地认识到,比起父母,老师对孩子的能力更有信心。曾经我问一位老师:"如果给孩子足够的时间和耐心,幼儿园的孩子在家能做些什么事?"她说:"所有的事。"我看过很多学生的推荐信,上面罗列了他们参加过的各种义工活动。比如有一个学生的推荐信上写着他去过收容所,帮忙准备晚餐、帮捐赠的衣物分类、在哥斯达黎加援建公共厕所等,但是,据我所知,这位学生在家里从来没自己洗过衣服。父母们宁愿花大量时间和金钱让孩子去做义工和慈善活动,在各种申请表上丰富他们的经历,也不愿意让他们在家里做力所能及的事。

也许你的孩子到现在还没自己洗过衣服,没用过洗碗机,但这并不代表他们没有能力去做这些事。即使这些事情对他们来说并不容易,他们也会想办法来完成,他们突破困难的创意超出我们的想象。比如,怎样才能拿到放在橱柜上方的碗盘。

我小儿子六七岁的时候,我让他把柜子里的碗盘拿出来放到洗碗机里洗,但我忘记了那个洗碗机对他来说还太高。但他丝毫没有觉得这件事做不到,他从客厅里拽来一把椅子,踩上去刚好够得着洗碗机的盘架。他花了整整半小时的时间,才把盘子一个一个地摆放到洗碗机里。当我问他"你是怎么做到的"时,他脸上那种自豪的表情,真的是发自内心的满足和快乐。当然,这个过程中肯定有失败,他不止打碎了一个盘子,但这又有什么关系?我用十个碎了的盘子，换来他充满胜任感和自豪的微笑，我觉得值得！

家庭参与感，是一个人走向有目标、有成就的人生的第一步，也是最基本的一步。近些年医生在分析青少年抑郁症和自杀的原因时，发现"缺乏生活目标"是一个主要因素。当生活变得失控和乏味时，正是生活目标和对生活的热爱让我们不至于走向绝望。有了目标，才会有决心和意志，才能激发出无限的智慧和力量，而这也是孩子们实现个人理想最重要的一点。在教养孩子的过程中，家务和理想看起来很远，但其实很近。

不过，父母不让孩子做家务的理由总是很多，比如：

• 让孩子做家务，还不如我自己做快一些。
• 孩子怎么能做好家务？
• 虽然他们能做，但他们要学习，长大了有自己的工作要做，不一定要学会做家务。
• 让孩子收拾房间，家里肯定会乱七八糟，别人会笑话我的。
• 孩子做家务，肯定浑身脏兮兮的，别人会认为我不尽职。

但其实,做家务和将来他们的工作能力密切相关,锻炼的就是他们的胜任感和动手能力。所以,要相信孩子,给他们机会,允许他们尝试、犯错、再尝试,直到他们能做好家务为止。如果你能做到这一点,就会发现,让孩子参与到家务中来,有你意想不到的效果。

做家务,培养自我重视感

做家务有很多好处,但积极育儿法创始人埃米·麦克里迪却说:父母让孩子做家务时,最好不要用"做家务"这个词,改用"做家庭贡献"。也许这个词不是很有趣,但它却传达了一个重要信息:当你做家务的时候,你是在为家庭做贡献。每个人都希望感觉到自己是重要的,"做家庭贡献"这个词会让孩子感觉到他对家庭是重要的,这个家需要他。而从幼儿时期到青少年时期,正是培养自我重视感的重要时期,为家庭做贡献可以强化孩子的这一感觉。

让孩子感受自己的重要性时，他们也会体验到失败的滋味，这并非坏事。让孩子做家务，不是规划一张家务清单就万事大吉，从"去做"到"做好"，需要一个不断犯错、修正错误的过程。她可能会把衣服叠得乱七八糟，弟弟可能会对她失望，因为姐姐给他叠的裤子是翻着的，而且放到烘干机里的时候裤腿打结了，最终使得裤腿还潮乎乎的。她还会把衣服放在烘干机里一整夜，结果第二天她最喜欢的裙子变得皱巴巴的。他们可能要穿着潮乎乎的裤子和皱巴巴的裙子出门，家里可能会乱七八糟，他们可能会因此有挫败感。但要相信，这一切总有过去的一天。你只要坚持一下，就会发现，女儿渐渐做得到位了，她不仅会叠衣服、洗衣服，甚至会套被套了。

在孩子学习做家务的过程中，如果你更重视的是朋友、邻居们怎么说，而不是让孩子体会胜任感，那你确实无法把家务交给孩子。

作为孩子的第一任老师，父母应该教孩子如何确定目标并专注目标，教他们学会以良好的心态去面对生活中的各种挑战。在这方面我们必须成为孩子的榜样，如果我们很容易被击败，孩子就会认为失败是不可战胜的，那么他们就会很容易放弃自己的目标。如果父母让孩子看到自己面对困难时的坚决和足智多谋，并且让孩子练就处理问题的技能，他们就不会轻易向困难低头，放弃自己的目标。他们会安下心来，使用"滑轮""杠杆"及其他一切可以调用的招数，将前进道路上的障碍清除掉，最终完成自己的任务。

具体如何做，才会让这样的奇迹发生呢？

1. 提出期待，列出清单

对孩子提出明确的期待，即使现在他们还达不到你的要求，也要让他们知道做家务是他们的责任。如果你之前从来没让他们做过家务，那么要向孩子坦承这是你的失职，应该早点让他们为家庭做贡献。不要用物质或金钱激励他们做家务，明确告诉孩子，每一个家庭成员都应该为家庭做贡献，这是自己的责任和义务，不是为了换取酬劳。

另外，可以开一个家庭会议，讨论一下哪些事情孩子能做，列出一个孩子能看懂的清单，张贴起来，让孩子照着去做。我认识一位妈妈，她的小孩子还不识字，她就为孩子列了一张图画清单，上面画了盘子、饭盒、洗衣机等代表孩子需要做的家务。而对她的大孩子，她用的是文字版的清单。

2. 退到一边，管住嘴巴

列完清单后我们需要做什么？退到一边，管住嘴巴。这是我们最该做的事。怎么管住嘴巴？如果孩子的家务是清洗碗筷，饭后他收拾完桌子，就把碗筷放到了洗碗机里，并没有马上清洗。那么别提醒他，就让那些碗筷放着，等他回来后就会看见盘子乱七八糟地堆放在洗碗机里，而且上面的食物残渣已经干了。这时候就是你指导他的好时机。你可以告诉他，碗筷要及时清洗，否则要费更大的工夫。而且这个时候，你不要帮他清洗，让他自己来处理。

我知道很多父母在发现孩子做错时，很难控制自己，总想唠叨和干涉。但任何唠叨和干涉都会打击孩子的积极性，也容易破坏亲子关系。所以，即使盘子放在洗碗机里两天，也不要理会，不要碎碎念，更不要帮他做。

如果他不知道怎么用洗碗机或洗洁精，你可以指导他。但是在他们干活的时候，你不妨做个哑巴，别像个疯狂的教练一样在场外喋喋不休。在孩子没有请教的时候，不插手，不提示，不指正。在孩子需要的时候，给他恰当的指导。亲子教养教练及作家薇琪·霍夫勒将这种教养方法称为"胶带教养法",父母的嘴巴和手脚就像被胶带捆绑住了一样,完全无法干涉孩子。对于控制型父母,确实需要胶带这样强有力的工具才能管住他们的嘴和手。

还有重要的一点,就是如果你觉得孩子做得不够好,不要去弥补。有的父母总是跟在孩子后面,将他认为已经做得很满意的家务再做一遍,即使你是偷偷做的,也会让他察觉到。这样,你就是在通过行动告诉他,他不胜任这件事,那么就会影响他做这件事的积极性。以后他就会想:我只要随便做一做就好了,反正妈妈都会再做。所以,你还要能够接受孩子做得不够完美。

如果你想表扬他,一定要表扬他为完成家务所付出的努力,尤其要表扬他遇到困难时表现出的决心和毅力,这种表扬是强心剂。不要表扬结果,比如他把碗筷洗得很干净,这是你对他的基本要求,无须表扬,但他为了把碗筷洗干净而付出的努力,需要得到你的肯定。

3. 扔掉教养中的棒棒糖

如果你的孩子习惯了做一点事情就得到奖励,那么就要改变他的想法,他们需要付出更多的努力,才有可能得到奖励。比如孩子会问你"我把碗洗干净,你给我什么奖励"或"给我多少钱",这个时候你就要告诉他,没有奖励。做家务是为家庭做贡献,每一个人都没有奖励。

不要把奖励当作自己的教养工具。如果必须给予奖励,也要尽量推迟兑现奖励的时间,这样做的目的,是切断奖励与具体事情之间的联系,或者让奖励尽量非物质化。在推迟奖励的时候,让年龄小的孩子等待的时间短一些,年龄大的孩子等待的时间长一些。总之,尽量拖到让孩子觉得这个奖励跟那个任务没什么关系为止,将他们的关注点转移到内驱力上来。在帮助孩子摆脱物质奖励的过程中,可以跟孩子聊聊做这件事情的感受是什么。然后,用你的表扬奖励他们,表扬他们为了完成任务所付出的努力和耐心,表扬他们失败了很多次还在坚持尝试,这些尤其需要得到你的正面肯定。

学龄前儿童的家务责任

对于学龄前的孩子,要将做家务的责任感和自豪感灌输给他们,帮助他们了解自己在家庭生活中的角色,这种角色的培养，务必要从小开始。即使是注意力短暂的学龄前儿童，凭着一双小手，也可以开始探索他们的能力，做家务是很好的探索方式。父母在跟他们沟通时，要用符合这个年龄段孩子的方式，传达你对他们的期待和要求。专门研究儿童与青少年心理的治疗师凯蒂·赫尔利，告诉我她是如何让两个孩子帮忙做家务的：

我从不唠叨他们，我告诉女儿赖利，她长大了，可以使用家具清洁器清洁房间里的家具了，这让她有了很强的责任感。我让儿子利亚姆使用速易洁干拖把拖地，顿时他对自己的信心大增。我们有专门的家庭清扫日，全家一起做家务，完成之后还有有趣的小游戏。我的想法是，家是大家一起生活的地方，所有的人都要爱护这个地方。我会尽量让整个劳动过程轻松一些，不用唠叨、监督、指教给孩子压力。他们铺床的方式可能和我的不一样，没关系，他们只要把床整理好了，而且从中体会到了小主人的自豪感，就是双赢。在我的工作中，我遇到过很多控制型家长，他们希望孩子每一件事都能做得很完美，一旦没有达到这个要求就唠叨个不停，甚至责罚他们。这是非常错误的做法，只会让孩子反感和焦虑。

1. 学步期阶段

有些家长会觉得，让才会走路的孩子做家务是不是太早。首先，这是孩子建立家务观念的黄金时期，这个时候教他们做家务，他们没有任何抵触心理，也不会跟你要奖励。其次，这个时期的幼儿好奇心最为强烈，他们会觉得做家务像游戏一样有趣，让他们参与家务，他们简直太开心了。而且，他们能做到的事情，会超乎你的想象。比如你可以让他们：

- 把自己的脏衣服放进脏衣篮里。
- 自己穿好易穿的衣服。
- 叠简单的衣服或床单，比如枕套和浴巾等。
- 将自己的衣服放进抽屉里。
- 能按照简单的指令完成某些任务（比如，拿起牙刷，挤牙膏，自己刷牙）。
- 将垃圾放到适当的地方回收。
- 将玩过的玩具收好。
- 将他们的杯子、碗放在比较低的架子上，让他们自己取用或放回。

- 喂宠物猫或宠物狗。

2. 三到五岁阶段

这个阶段，你可以教他们做一些复杂的家务。三岁到五岁的孩子喜欢数数和分类，你可以给他们分派一些相关的家务，让他们在玩中体验责任感。比如，在书架的某个地方放五本书，或者在超市拿五个橘子放进购物袋。当他们做到的那一刻，一定会很有成就感。

这个年龄段的孩子完全可以很好地胜任以下任务：

- 自己铺床。
- 整理自己的房间。
- 将东西整理分类。
- 给植物浇水。
- 清理自己的餐桌位置。
- 不小心打翻东西，不哭不闹，而是自己去拿毛巾或海绵清理干净。
- 准备自己的零食。

五岁的孩子已经能够理解并接纳自己的行为带来的后

果，不过是在他们经历了之后。把自己的面包放在茶几上，却被狗狗吃掉了？不要给他一块新的，哪怕他哭得很惨，这样下次他就会记得，不能把自己的食物放在小狗够得着的地方。看完自己最喜欢的DVD，忘记把光盘装回盒子里？下次他再想看这部电影的时候，不要帮他在一堆散落的光盘里找，让他自己去找，或者让他接受无法看电影的后果，并且告诉他无法找到光盘的原因。类似的还有，不把要洗的衣服放进脏衣篮里，第二天就不能穿着那件自己最喜欢的粉色运动衫去幼儿园了；把自己最喜欢的毛绒玩具落在了幼儿园，晚上睡觉就不能搂着最喜欢的伙伴了。

让孩子从这些错误中学习如何为自己负责，如何养成好习惯，如何做家务。如果你总是把孩子从各种困境中"解救"出来，他们同样也会从中"学到很多"——他们会发现不依靠自己也能行，反正搞砸了总会有父母来帮他们收拾残局。他们还会觉得，遇到困难不用去努力思考解决问题，反正关键时刻父母总会出手搞定一切。

高效能学龄儿童的家务责任

1. 幼儿园阶段

孩子上幼儿园之后,就能做一些更复杂的家务了,并且要形成做家务的习惯,而不是想起来才做。这就需要把孩子要做的家务日常化,然后形成规律,最终转化成一种模式固定下来。正如前面所说,一个新习惯的形成有三个要素:提示、惯例、回报。

比如,吃完饭后立即洗碗这个家务习惯。提示就是每顿饭后摆在面前的脏盘子,惯例就是简单用水清洗后放进洗碗机,并且迅速打开洗碗机。执行这个惯例的回报,就是下次可以享用干净整洁的碗盘,以及做完这件事带来的成就感和胜任感。回报指的并不是金钱、玩具、大餐等物质酬劳,持久的回报应该是完成任务的成就感和胜任感。培养孩子养成家务习惯的最大好处就是:孩子一旦养成习惯,就不会把做家务当成负担,而是分内的事,整个家庭也会更加和睦融洽。

但正如我所说,在坚持不用物质奖励这一原则时,也有一些例外。在某些时候，物质奖励可以作为助推器，增加孩子们做家务的乐趣和积极性。悉尼·泰勒的著作《好人家》里面讲了这样一个事例：一个犹太人家里，五个女儿轮流负责做家务。时间久了，她们都厌烦了。于是妈妈就在客厅的隐蔽角落藏了一些糖果，只有非常认真彻底地打扫才能发现糖果。这下女儿们重新燃起了做家务的热情，争着抢着打扫。但妈妈也只是偶尔用这招，偶尔使用能制造惊喜，促进她们的积极性，如果频繁使用，则会成为她们的固定期待，就会起到反作用。这位妈妈非常明智。

2. 小学阶段

六到十一岁的孩子能够理解事物之间的因果联系。他们知道如果不把衣服放进洗衣篮里，衣服就得不到及时的清洗；不及时喂狗，狗就会挨饿。因此，要积极运用孩子的这种理解能力，尽可能让他们参与各种家务劳动，比如：

- 择菜和切菜。早一点教孩子如何安全使用刀具，尽量学习使用刀刃锋利的刀具，因为锋利的刀要比钝刀更安全，锋利的刀切割起来会更容易，不会因为顾着用力而发生意外。

- 洗衣服。全程都可以让他们自己完成，从分类洗涤到最后收纳到衣橱里。给孩子演示一遍之后，在洗衣机和烘干机上再分别贴上一张操作流程说明，给他们必要的提醒。
- 更换厕纸。至于厕纸的卷筒往哪个方向转，就让孩子自己决定吧。
- 摆放餐桌椅和清理餐桌。
- 户外工作，比如清扫落叶、清除杂草等。
- 吸尘和拖地。
- 帮忙列日常杂货和食物的采购清单。

3. 青春期阶段

孩子到了十二岁以后，我实在想不出有哪些家务是他们不能做的。在写本书时，我采访过一些比较有胜任能力的青少年，他们可以做：

- 家庭维修工作，比如涂漆、换灯泡、简单的汽车维护等。
- 去超市购物（考虑到有的青少年饮食有偏好，妈妈最好给他们列出比较明确的购物清单）。

- 规划和准备比较复杂的饭菜。
- 照顾年幼的弟弟妹妹，教他们如何承担家务责任。
- 带宠物狗到宠物医院打针。
- 清理冰箱。
- 劈柴。
- 清理排水沟里堆积的落叶。

青少年心理学家詹妮弗·哈特斯坦谈到家务职责对青少年的作用时指出：如果孩子们能将家务责任理解为家庭生活中的基本组成部分，做家务就能够为青少年提供积极有效的成长机会，让他们从中获得胜任能力，而这正是他们迈向成年所必须具备的。

鼓励孩子积极参与家庭事务，做一个有担当的家庭成员，这是他们以后人生成功的基础。一个认为自己可以在家庭里不劳而获的孩子，长大后也会认为自己可以在公司中、社会中不劳而获。相反，一个从小在家里负有责任的孩子，成年后在生活中也能管理好自己的事情。这样的青少年会拥有更健康的自尊，形成更好的自我效能感，更有动力迈入成年时期。

教孩子懂得为家庭做贡献，依靠自己的力量解决问题，这件事不管什么时候开始，都不算早，也不算晚，做一定好过不做。尽管孩子可能会这样那样地表示抗议，但从根本上讲，孩子也会渴望在家庭中扮演有用的角色。让孩子为维护家庭的日常运转贡献自己的力量，这不仅对孩子眼下的状态有帮助，而且对将来进入大学或步入职场也有很大的帮助，在家庭中积累了胜任能力和责任感的孩子，会从那些娇生惯养的同龄人中脱颖而出。当别的孩子无助地等着别人告诉他们做什么、怎么做的时候，你的孩子早已经知道该如何采取主动、捷足先登，这份自信和能力，得益于他们曾经在家里、在你身边有过丰富的体验，获得了各种技能和实实在在的胜任能力。

在这些经验中，失败的教训、犯错的体会、改错的经历最为宝贵，虽然他们"初出茅庐"，也不会因这样那样的小失误而无措或崩溃。不仅如此，那些因为错误制造了麻烦的往事，比如，错把洗洁精当作洗衣液，错把糖当成盐，都将成为美好的回忆，穿梭于他们的一生当中。

完美无缺不是凝聚家庭的力量，共同拼搏中形成的纽带，才会在漫长蜿蜒的人生之路中历久弥坚。

第五章

交朋友：孩子社交力的开始

　　只要成人不去操控或干预，留给孩子足够的空间，孩子一定能自然而然地学会社交。哪怕玩耍中会遭遇争夺、断交、不理睬等各种让他们伤心流泪的冲突，他们也能自行解决。所以，孩子的自由玩耍和自由社交是他们成长的关键。

让孩子闯荡自己的社交"江湖"

我和朋友正坐在遮阳伞下的长椅上,静静地咀嚼着孩子的切达芝士饼干,不远处,一位爸爸的忙碌身影吸引了我们的注意。

这位爸爸照看着两个孩子,女儿差不多六岁,儿子刚刚会走路。他的女儿正和我朋友的女儿以及另外两个女孩在沙坑里玩。她们玩得很好,但小孩子之间总会有争夺,为了争夺到自己想要的东西,她们不时发出尖叫。而那个刚刚学会走路的幼儿,此时正开心地试探着自己的力量和灵活性,他在游戏区跟在大孩子后面,不停地爬上爬下。这可累坏了这位爸爸,他满头大汗地在女儿和儿子之间跑来跑去,生怕哪个孩子有危险。

其实,两个孩子玩得很开心,但是这位爸爸似乎过于焦虑不安了。他一会儿跑到这边,一会儿跑到那边,有时还干脆把小的孩子夹在臂弯下抱走,惹得孩子尖叫抗议。每次女儿嚷着说话,或者别的女孩对女儿大吼时,他都会急忙冲过去,帮她们"评理",安抚情绪,或者用买零食的方式，让她们好好玩。每次有小孩很凶地对待他的女儿的时候，他的眼睛就会立刻扫视人群，看看这个小孩的父母在哪儿，以寻求支援。当他看向我们这边时，我朋友立刻把头转向别处。这时，他的小儿子趁爸爸不注意，立刻跑到了滑梯那里，这位爸爸紧张得只好先放下女儿的麻烦，赶紧跑到滑梯那里照看儿子。

我能想象，这位爸爸有多累。孩子们也因为有了爸爸的掺和，而玩得不开心。其实孩子们之间的摩擦，对小朋友们来说是插曲，是自然的生命力的呈现，她们不会觉得这是麻烦，反而很享受，但是爸爸的掺和却破坏了她们的兴致。这位爸爸的神经绷得太紧。他不知道，他对孩子看管得越紧，孩子玩得越扫兴，他的"操心"，实际上是在破坏孩子们玩耍的真正意义。

从婴儿时期开始，孩子就能够看着我们的脸，回应我们的微笑，通过啼哭来表达湿尿布给他们带来的不适感，他们的社交生活就开始了。接着，他们脱离父母的怀抱，开始探索与其他孩子之间的关系，从此也就开始了终身的人际关系学习，他们了解社交行为准则，学习社交语言，为未来能胜任良好的人际关系奠定基础。

但大部分的社交语言都是在与其他孩子的自由玩耍中形成的。心理学家朱迪思·哈里斯在她的《教养的迷思》一书中提到，对孩子性格的塑造，父母的作用远没有小伙伴的作用大，是小伙伴教会孩子如何与他人互动，而这样的重要互动，往往始于沙坑、滑梯这样的场合。在这些场合中，孩子学会如何合作、如何处理冲突、如何构建自己的人际关系。

玩耍是人类发育的关键，各种游戏也是。棋盘游戏，学的是逻辑思维和预先规划能力；搭堡垒，锻炼的是空间感与建筑技能；篮球即兴比赛，学习的是团队合作。在这些游戏玩耍中，孩子不仅学会了交朋友，更学到了人与人互动的能力。只要成人不去操控或干预，留给孩子足够的空间，孩子一定能自然而然地学会社交。哪怕玩耍中会遭遇争夺、断交、不理睬等各种让他们伤心流泪的冲突，他们也能自行解决。所以，孩子的自由玩耍和自由社交是他们成长的关键。

童年的冲突处理，决定未来的交友能力

童年时期的社交冲突，几乎涵盖了人际关系教育的

全部内容，即便是失败也有其独特的教育意义。孩子们之间的争吵，是值得珍惜的机会，不是需要我们处理的紧急状况。

在游乐场上扬沙子制造麻烦的小女孩，如果每制造一次麻烦就被父母从现场带走，她就不知道如何克制自己的怒火，不知道如何去处理被她攻击的小朋友的愤怒。更糟糕的是，被带走的她，完全没有机会体验自己的沮丧。本来，她需要一个完整的社交失败体验，需要自己去体会社交中的困惑，以及由此可能发生的一切：被小女孩攻击的对象，在愤怒之后可能会制定出一套玩沙子的规则。小女孩如果答应，两人之间的冲突就会解决，两人反而会因为冲突而变得亲近。扬沙子说明两个孩子之间交流失败，但此时如果父母插手，他们就没有机会学习如何修复失败，这对他们来说，是多么大的损失啊！

孩子的同理心，是在觉察他人反应和情绪的过程中形成的，如果不给孩子机会去经历这些不舒服时刻的情感冲击，他们就无法体会自己的行为对他人造成的影响。这种机会失去一次没什么，如果形成了模式，这个孩子就会损失很多——他不知道该如何面对失控局面，不知道如何化解和其他小朋友之间的误解，不知道如何处理反复无常的友谊关系。长大后,他也不知道如何与其他人交换意见,如何安慰、说服他人,如何据理力争。

心理学家兼亲子教练安德里亚·奈尔对此做了进一步解释:

父母过度的保护,代价就是孩子不能发展自己还击、大胆发言、解决困境的技能。如果父母传达给孩子的信息是:我们随时都在旁边,只要发生争执,就会把你从困境中解救出来。那么孩子就会一直有这样的期待,不愿意主动去寻找解决方案,也就学不到宝贵的沟通技巧,尤其是在双方情绪崩溃的时候。

父母不插手孩子之间的冲突,不解救孩子于困境,并非是不负责任的表现,正相反,这是为孩子的未来负责。这不仅有利于孩子情感和社交能力的培养,更有利于孩子在将来的学业中取得成就。

哈拉·埃斯特罗夫·马拉诺在她的著作《弱者之族》中指出,在自由玩耍中培养社交互动的能力十分重要。"一个孩子在幼儿园的课间社交行为表现,基本决定了这个孩子在小学的学习成绩——当然,这个成绩指的是课堂表现、常识、早期阅读和数学概念等方面的成绩。与传统的达标测试相比,孩子与同伴玩耍的能力对他们将来的学术成就具有很大的指导意义,这个指导意义高达40%。总之,自由玩耍以及在这个过程中所产生的社交互动能力,对孩子的情感成长和社交成长意义重大。认为玩耍是毫无意义的浪费时间,这种观点实在是大错特错。"

可悲的是,很多父母和老师对孩子们社交动态的监督和管理,太过严密和死板,以至于孩子们没有机会和自由让他们之间的故事自然展开。学校摒弃孩子们的自由活动,这是短视的、具有误导性的行为,这意味着孩子们消化本领的机会更少了,释放能量的途径更少了。当他们回到家里,父母对他们的过度监管,又使他们失去了与兄弟姐妹无拘无束地玩乐和自由碰撞的机会。

在教育人士的不断呼吁下,新西兰的几个学校关注到了这种情况,有八所小学参与了奥克兰理工大学的相关研究,之后,他们同意取消学生课间活动的部分规则,放宽监督限制,停止对学生自由活动的过多干涉。结果发现,学生恃强凌弱、违反规定的行为反而减少了,课堂上的注意力和其他表现也有所改善。可见,成人的过多监督是没有必要的。

教育人士格兰特·斯科菲尔德对这个问题做了总结:

退出对孩子们自由活动的监督和干预，允许孩子们"自己思考并厘清社交互动中的头绪和脉络"。如果我们干涉孩子们的社交生活，他们就被剥夺了"学习如何理顺情感、明确信念、了解个人局限性"的机会。在孩子们从幼儿到青少年的成长历程中，父母能否正确看待孩子们的友谊，对孩子们至关重要。孩子们的友谊，就是他们形成性格、了解自我和选择交友方式的机会。孩子们的友谊，也为我们提供了了解他们的视角，是对我们教养方式的反馈，让我们了解自己的孩子正在朝着什么样的方向发展，未来将会成为什么样的人。

各个年龄段孩子之间的冲突解决办法

1. 两三岁的孩子之间的小摩擦

幼儿时期，孩子交朋友比较随意，只要年龄差不多，都可以成为朋友。幼儿一起玩耍，不仅让父母更轻松，还能让孩子自己去发现喜欢小伙伴的哪些方面，不喜欢哪些方面。在幼儿与小伙伴玩耍的过程中，父母只需给孩子提供一个安全的环境，然后站远一点看着就行了。

除非危险就在眼前，否则孩子不想也不需要你来插手他们之间的游戏。即便是还不太会说话的孩子，也会跟自己的伙伴表达自己的意愿，等到会用语言表达，他们就会开始说出自己的观点和好恶。因为没有足够的语言去表达自己的失望、喜欢和不喜欢，所以他们会通过手、牙齿甚至脚来表达自己的不满。这都没有关系，父母要做的就是"不管教"，不操控孩子的玩耍，给孩子空间，让孩子有机会学习交朋友。

2. 兄弟姐妹间的打闹

不插手原则，也可用来处理兄弟姐妹间的打闹，但是，当孩子们的吵闹使我们无法忍耐时，我们总是忍不住干预，希望他们赶紧闭嘴。其实，兄弟姐妹是孩子在这个世界上最先接触到的朋友、敌人和老师，所以父母更要放手，让孩子以自己的方式去解决他们之间存在的问题，这一点很重要。美宝贴纸公司创始人之一朱莉·科尔有六个孩子，我曾经向她请教如何处理孩子之间的冲突：

我家六个孩子的年龄差不多，他们的相处中充满了乐趣、关爱和欢笑，但也会经常争吵。有时候我会称他们为

"打闹小团伙"。不过，他们争吵打闹时我从不插手，通常这时候我就做我的事情。我没有把他们关在一个隔音的房间里，而是一开始就定下了"公平对抗"的原则。在这个原则下，他们似乎可以自行解决很多问题。所谓的"公平对抗"就是：每次争吵只能说眼前的事，不能提过去的事，更不能骂人。这样做的结果是，争吵过后可能不超过五分钟，他们就又玩在一起了，甚至都不记得刚刚争吵过。"公平对抗"意味着我可以站到一边，让他们自己解决问题，我不用当全职在线的协调员。

3. 小学孩子的"游戏政治"

上小学的孩子在选择朋友时，更倾向于按照共同的兴趣爱好来选择，而不是就近原则，他们的游戏活动也变得更加复杂。随着孩子们的独立能力越来越强，灵活性越来越好，他们会自己发明游戏，会为他们要征服的假想世界策划出具有复杂细致规则的冒险活动。这是一个重要的学习过程，是孩子们走向自立和自主的开始。这也解释了，为什么孩子们总是把超级英雄当偶像，喜欢模仿超级英雄表现出来的权力、力量和正义感，就是为了感受自己在生活中的掌控感。

在这之前，他们习惯了遵守我们制定的规则，但只要迈出父母的势力范围，他们就会感受到自主的力量。在探索自己的力量的过程中，他们一次次地建造或摧毁彼此的边界，与别的孩子进行着你来我往的"权力斗争"。

当朋友的影响力开始占上风的时候，正是你和孩子讨论同伴压力的好时机。讨论在遇到困窘局面的时候他们该怎么做，让他们想一想。

在与几个妈妈谈到孩子的交友状况时，一位妈妈说，她最近对自己上小学三年级的女儿选择朋友的能力感到不安，虽然她知道女儿确实在交朋友过程中学到了不少东西，但她担心这些朋友对女儿是否都有好的影响。她说：

最近，我女儿与她班里的一个女同学玩得特别好，那个女孩本质不坏，但是关于她的传言还是让我有所顾虑。那个女孩爱撒谎，比较粗鲁，家庭状况似乎也很糟糕。我不想完全阻止她们来往，因为我觉得有些孩子能够慢慢变好，而且这段友谊也教会了我女儿懂得同情他人。她知道那个女孩家里很穷，就一直请求我给那个女孩买些东西——在这之前，她只会要求给自己买东西。

孩子们并不是天生就知道如何为自己和自己的友谊去辩护，而是通过多年的尝试和失败，才学会管理自己的生活和人际关系。比如有大孩子要他们扮演医生，而他们会说"不"，于是他们学会了拒绝。那么以后，他们就能够自信地面对欺凌，或者要求成年人公平对待他们。

面对孩子们的"游戏政治"，父母需要退后一步，允许游乐场上的小争吵自动发挥作用，因为正是这些冲突，让孩子们有机会学习如何在欺凌中保护自己，也让那些欺凌别人的孩子从中学会人际交往的技能。

强尼把一个小孩推倒了，老师立刻就把强尼带走了，强尼根本没有机会从这个小孩那里得到反馈，因此也没有建立同理心和反省自己行为的机会，也就永远学不会站在别人的角度考虑问题。这样做的结果是什么？就是几年之后，强尼坐在教室里环顾四周，发现没有人愿意跟自己玩，而且还不知道为什么。等到老师通知他的父母，说"强尼的人际交往有问题"时，问题已经变得很棘手了。谁该为这个结果负责呢？恰恰是当年插手强尼"游戏政治"的成年人，本来强尼可以在与那个小孩的冲突中学到人际交往的技能，却被大人毁掉了。

只要给孩子时间和没有成年人干预的空间，孩子会自己学会所需的社交技能。允许孩子犯错，允许孩子激怒别的孩子，允许他们对抗，然后和好，他们会学会如何交朋友，也会学会如何保护自己，以及如何对那些让自己感到不舒服的行为说"不"。

研究显示，如果孩子亲眼见证过父母从争论到和好的过程，孩子因争论受到的伤害会大大降低。那么，如果孩子体验过与朋友争吵，并最终达成和解的过程，就更能从中受益。所以，如果你插手解决沙坑里的争执，或者强行让女儿与那个惹恼了她的女孩缓和关系，就是在阻止事情的自然发展，妨碍孩子与朋友和好并消除嫌隙的健康程序——没有化解的矛盾，会比矛盾本身更让孩子焦虑。而这个过程，正是巩固孩子们之间的友谊，让它能经受下一次考验的重要过程。

4. 请退出中学孩子的社交舞台

孩子进入中学后，友谊的聚焦点就从共同的兴趣爱好转向社会认同。此时，拉帮结派以及其他的排他性社交处境，都可能会给孩子带来压力。因此，父母要保证孩子能够持续参加体育、音乐以及其他课外活动，融入不同的社交团体。一位来自新泽西的妈妈说，她的父母曾让她自己决定社交生活，这对她当妈妈之后采取支持自主型的教养方式有很大影响。

我的父母也允许我自主交朋友，这是件很棒的事。虽然当我拒绝朋友们时，她们会排挤我，让我感觉很受伤。但是过后却让我更坚强，也让我在选择朋友时不会那么盲目，会先想一想我适合和什么样的人做朋友。

因此，不要强迫孩子跟谁交朋友、不跟谁交朋友；允许孩子把家里变成与朋友聚会的场所；跟孩子约定，如果他不在家里，必须告诉你他在哪里。这些才是父母应尽的责任。身为父母，我们应该鼓励孩子不断扩大他的社交圈，但在孩子被伙伴孤立时，不要试图干涉。我们可以安慰孩子的伤心，但是不控制孩子人际交往中的任何局面。我知道，看着孩子不会交朋友或者不能化解分歧，父母既焦虑又心疼，但这都是孩子必须经历的考验，是他成长过程中的必修课。

有很多孩子上了中学后，也不知道怎么应对各种社交场合，但比起孩子因此受到的挫败感，父母的过激反应和过多干预给孩子的社交能力带来的打击更大。如果家长对孩子日常的社交互动反应过激，动不动就认为孩子在"欺负人"或"被人欺负"，那么孩子就永远学不会在遭到别人攻击时，如何象征性地还手并赢得对方的尊重。在今天的校园生活中，恃强凌弱现象确实是一个真实存在而又令人担忧的事实。但是，如果我们为了防止此类事件的发生，而对青少年社交场合中出现的普通社交和情感波澜做出过度反应，就会加重孩子的"受害者"心理。

一位高中老师对我说了这样一件事：

最近，我的一个学生因为与一些同学意见不合，成了他们的出气筒，但事态并没有特别严重。如果矛盾进一步恶化，那几个同学的行为有霸凌的苗头时，老师一定会挺身而出，全力保护这个女孩的安全。然而，这个学生和她的父母对这件事都特别敏感，认为她正在被欺凌，要求老师给她重新排座位，课间休息要一直关注她，同学们也要配合这件事。这位学生的妈妈就更离谱了，每天都要给老师和学校管理人员发邮件，列举女儿向她汇报的各种情况：那几个同学恶意的眼神、窃窃私语、对她的蔑视等。最后，整个班级的正常社交活动都无法进行，班级没有了凝聚力。更糟糕的是，这个学生把所有让她不舒服的社交互动都看作是对她的欺凌。我真为这个孩子感到悲哀。虽然她的父母是出于对孩子的爱,但由于他们对孩子的社交互动管得太多,又想得太多,最终摧毁了女儿的社交自信,并让她认为自己就是一个软弱无助的、容易被他人欺凌的人。

作为成年人,我们也会面临各种霸凌:刻薄的老板、阴险的对手、嫉妒的同事等。成年人的世界从来都不容易,而如何面对这些不易,则是我们在童年时期就要学习的。童年时期的失败,虽然可能只造成一两天的伤心或社交排斥,但却决定着将来自己会成为什么样的人,是不堪一击的弱者,还是有强大自我的勇者。而成年时期的失败,有可能是真正的失败。

随着孩子一天天长大,"朋友"对孩子身份认同的影响越来越大。发现孩子身边有"坏朋友",也许你会忍不住想"插手管一管"。但是,请慎重。你要知道,孩子之所以和这些"坏孩子"交朋友,是因为他们想从对方身上学到某种东西。

也许,有些朋友让你的孩子捉摸不透,但那可能正是吸引他们的地方;也许,某个女孩的穿着打扮让你很不舒服——一身黑衣服，指甲全部涂成绿色，但她却有着你的孩子想努力学到的才能或者社交技巧；也许，你的孩子交往不同的朋友，只不过是想试探自己的包容度，哪些东西会令她不舒服但可以包容，哪些是她完全不能容忍的；也许在你看来，孩子交的那个朋友简直糟透了，可你的孩子或许正在向他学习如何获得同理心，学着如何与背景和目标不同的人相处。不管孩子那些古里古怪、五花八门的朋友让你觉得多不放心，我们都要尽量做到：不插手孩子的社交选择。

这些社交技能的重要性，远远超乎你的想象。拥有这些技能，等孩子进入大学之后，他才能适应更宽广、更多样化以及更具挑战性的社交活动。

在商业领域，出色的阅人能力是一种备受青睐的特质，尤其是女性。被称为"变色龙"的人也都是"自我调节的高手"，他们能很好地调节自己，轻松融入新的工作环境，更能让其他人接受自己的想法。在销售领域，这些"变色龙"能通过细微的观察与他人建立联络，从而在业绩上脱颖而出。在企业界，善于观察并针对不同人群调整自己行为的人，是最好的谈判专家。

所以，如果你乖巧的儿子突然有一天带回了一群让你受不了的伙伴：他们文身、染发、戴耳饰、说话有口音，你大可把他们看作是哈佛大学商学院举行的一场极具教育意义的研讨会。如果你的孩子只和特定的几个人交往，他永远也无法包容差异，无法形成同理心，也不能明白如何与有着不同视角、世界观、来自不同民族的人交往。所以，不妨退出他们的舞台，你的微笑和不妄加判断，是对孩子的一种投资。

青春期的社会焦虑带给我们的启示

如果之前你没有插手孩子的社交，那么到了青春期，他们就已经历练出了超棒的社交能力和自主意识。

但和以往各阶段不同的是，到了青春期以后，孩子的社交范围更广了，青春的萌动和叛逆会使他们在社交方面做出各种尝试，有可能真的会出现社交危险。这时，父母会因为担忧孩子走上歧途或受到伤害，而想要插手他们的社交生活。那么孩子们会允许父母介入他们的社交生活吗？就这个问题，我问过一组15岁的孩子，他们中的大部分都认为：如果父母有合理的理由，也不是不可以介入他们的社交。比如他们遭遇危险的时候。他们的态度让我吃惊，他们中没有一个人说：父母永远不可以介入他们的社交。

其中有一个孩子是这么跟我说的：

以父母对我们的了解，他们应该知道是不是可以信任我们自己选择朋友。当然，这也要视情况而定。如果某位同学有良好的品质和交友习惯，不妨让他自己来决定交什么样的朋友。如果没有，父母也要给他们一些时间和空间，等待他们成长。有时我们需要做一些蠢事、犯一些错误，才知道那是不是自己想走的路。所以，给我们一点空间吧。

至于父母可以让孩子在错误的道路上走多远，孩子们的意见不一。但是他们一致认同：父母对孩子的社交生活管得越多，孩子越有可能欺骗父母。

"我的朋友里，爸妈管得比较严格的同学，会比那些爸妈管得少的更爱撒谎。"

"对，就拿我的一位朋友来说，她爸妈以为她很听话，让她做什么她就做什么，但其实她对父母从不说真话，即使是没有必要说谎的事情，她也不说实话。"

在场的孩子纷纷点头表示赞同。

青少年心理学家詹妮弗·哈特斯坦特别强调，对于青春期孩子的人际关系，最重要的是找对方法支持他们，而不是控制他们。

从很多方面来看，青春期的友谊是最不稳定的。青少年正在学习了解自己是谁、自己想要什么，以及如何与同样也在学习这些的朋友们维持平衡。鼓励青春期的孩子有效地处理人际问题，具有重要的意义，因为他们即将迈出家门，走向社会。可对父母来说，这无疑是一个挑战，担心孩子受到朋友的不良影响，看到孩子处于迷茫甚至痛苦中，自己却只能袖手旁观，确实不好受。但我们也要忍耐，因为我们要做孩子的向导，为孩子提供一个安全的港湾，而不要做问题的解决者。当孩子自己解决了与伙伴之间的问题时，当他在这个过程中知道了什么是有效的解决方法、什么是无效的方法时，他就会从中收获力量，从而以更充分的准备去迎接成年生活带给他的各种挑战。

在这个阶段,孩子会选错朋友,会有不愉快的友谊经历,但这些犯错的经历,正是他们将来分辨人际关系的必备经验。也许要做到哈特斯坦提出的标准很难,但当孩子们成长为独立、无畏、勇敢的年轻人时,当他们学会交朋友并真的结交到值得一生信赖的伙伴时,当他们明白自己需要从友谊中获得什么时,父母就会觉得,当初的自我克制和耐心等待都是值得的。

我们知道,孩子进入青春期以后,人际关系上的风险就增加了。受荷尔蒙支配的青春期孩子如同脱缰的野马,面临着毒品、酒精、醉驾、饮食失调等诱惑,以及这些诱惑带来的危险,由此造成的伤害远远超过他们曾经历过的。所以,还是要有一些方法保证他们的社交安全和情感健康。

如果孩子交了新朋友之后,出现了一些令你不安的变化,那就要和孩子谈一谈,了解一下他的新朋友。"你喜欢迈克的哪些方面?你们在一起喜欢做些什么?你最近似乎跟迈克在一起的时间比较多,他什么地方那么有趣?"即使这个迈克挑战了你最后一根神经,你还是要邀请迈克多来家里,这样你才能近距离观察迈克和你的孩子。你要让你的孩子知道，你很欢迎迈克来家里玩。

把问题小孩邀请到你家来，这样你就有机会了解你要"应对"的是什么样的人物。最乐观的情况就是，你发现儿子的朋友其实人很不错，对你儿子以及他们之间的友谊都很真诚。最糟糕的情况就是，你的猜测得到了证实，那确实是个危险分子。那你就必须想办法应对，不能把孩子置于危险之中。这个时候就不能说是干涉孩子的社交了。

除了允许孩子带朋友回家，你还可以主动提议接送他和他的朋友。这样你就能在路途中，听到他们毫无防备的谈话，也可以借助后视镜观察一下他们，还可以利用一些机会结识孩子朋友的家长。也许你会发现，这些孩子的家长对自己的孩子并没有抱太大期望，甚至任由他们破罐破摔。也可能你会发现一些跟你有着同样教养观的家长，你们一拍即合。但是，无论你发现了什么，你都没有权力去改变别人的孩子，你只能对自己的孩子提出要求。

另外就是不要说教，哪怕你说的内容是正确的。孩子，尤其是青春期的孩子，会在你开始长篇大论的那一刻选择性"失聪"。如果你与孩子之间的交流偏重于说教，就必须要改变自己的风格。

当然，不说教不意味着不交流。你可以问一个开放性的问题，然后倾听。"凯文看起来跟你以前交的那些朋友不一样，你们是如何成为好朋友的？"一个没有评判和威胁性的开场白，更容易打开进一步交流的大门。

如果你想聊的主题是不安全的行为，那就只讨论安全性问题，不要把矛头指向孩子的朋友，对孩子的朋友评头论足。因为青少年很在乎自己对朋友的忠诚，一旦感到自己的朋友受到了攻击，他们会本能地捍卫他们的友谊，第一时间为朋友的行为辩护，哪怕是那些连他们自己都感到不妥的行为。所以，我们要就事论事，不要攻击孩子的朋友，只关注自己孩子的行为就好。

如果他对有潜在危险的社交活动做出了机智的反应，你一定要对他的判断力和勇气做出表扬，比如："你知道上周那个派对大家都会喝酒，所以拒绝参加，我为你这个决定感到自豪，这说明你很机智。"这样的一句夸奖，既表扬了他的人品，也肯定了他的成熟和理智。

有一次，我跟一位妈妈说孩子独自外出我很担忧，她跟我分享了一段话，非常精彩：

有一次，我儿子要出门，他没告诉我他要去哪里。于是我跟往常一样，在他出门的时候跟在后面嘱咐："小心点儿。"这时,我听见身后的丈夫补了一句:"玩得开心。"就在那一刻,我第一次发现自己和丈夫的育儿心态不同。其实我知道儿子是一个很谨慎的孩子,不管我嘱不嘱咐,他都会很小心,我的叮嘱对他来说没有什么正面的作用,只有副作用:儿子会觉得妈妈不信任他,不相信他会小心谨慎。而他的爸爸则对他很有信心。从那以后,在儿子和他的朋友出门时,我再也没说过"小心点儿"这句话。

当我们放手让孩子走出家门,就要信任他们。而当他们用行动证明自己值得我们信任时,我们就要及时表扬他们。这可能需要我们转变思维,留心观察他们的判断力、良好的品格和强韧的恢复力,让他们知道,我们把这些看得比什么都重要。同时也要让他们知道,在他们遇到不可控的局面、面临着危险和威胁时,我们一定会毫不犹豫地出手相助。

不要急着质问他到底为什么会在初中生舞会上吸烟,或者怎么会坐在醉驾司机的车上,对于已经发生的事不要苛责。等到他们真的安全了,并好好地睡一个晚上后,再询问事情的具体经过和其中的缘由。判断能力不足是成长的一部分,如果孩子还能想到向你寻求帮助,则说明一个事实：他们尊重和信任你，这使他们有勇气对不安全的环境说"不"。现在，不要辜负孩子对你的信任，帮助孩子想一想如何避免类似的情况再次发生。

父母在教育孩子的同时，别忘了给孩子做个榜样，展示什么才是积极互利的友谊。跟孩子谈谈什么才是好朋友，为什么好朋友会对生活产生好的影响。问一问孩子，觉得自己在朋友心目中是什么形象。在你紧盯着孩子生活中那几个"有毒的坏分子"之前，你要先把自己生活中的这号人物拔除掉，因为你的以身作则，会比你说出的话更让他们明白什么是健康的关系。

当然，不是所有情况都能如你所愿。当所有的小心翼翼的沟通和计划都无效、孩子的交友关系依然堪忧时，就是该采取干预措施的时候了。但在开口前，首先想想你干预的目的，是真的关心孩子的安全，还是你只是在寻找证据，好抨击那些你觉得会带坏自己孩子的"坏伙伴"。如果是后者，你仍要后退一步，别插手，继续停留在孩子的领地之外。

在你开始打探孩子的社交隐私、破坏孩子对你的信任之前，先试试下面几个方法：

•跟其他大人谈谈，比如老师、校方管理人员、学校指导员等。弄清楚这个"问题孩子"是否真的是一个恶劣的人。

•与这个孩子的家长见个面，向对方说明你的担忧，了解下他们是否关心孩子的健康和安全，但别对对方的教育方法指手画脚。

•与孩子聊一聊让你紧张的所见所闻，多问问题，少说结论性语言，在这个过程中，再一次强调你对很多事情如毒品和酒精的态度。

•如果确实有确凿的证据，证明那个孩子确实给你的孩子带来了不好的影响，不是你在瞎猜、瞎担忧，那么你可以限制孩子与这个朋友交往。但同时也要知道，这样做是有风险的，可能会造成孩子的反抗，对你干预他的社交生活，他会非常反感。

•为孩子找一些更安全、更健康的事情来做，比如孩子喜欢的事情，他就会与那个问题孩子慢慢疏远。

这样做以后，如果孩子还是出现了下面列举的一些情况，我们就要进一步打探孩子的情况了：

- 孩子在行为、性格、体重、睡眠习惯或者总体健康方面突然发生了巨大变化。
- 孩子的沟通方式发生了明显改变。比如，以前孩子很愿意跟你沟通，最近突然不这么做了。或者正相反，孩子向来不爱说话，最近总是刻意跟你搭话。
- 你发现了孩子涉及危险事情的证据，比如使用毒品或酒精的证据（吸毒用具，醉酒、亢奋的迹象等）。
- 学习成绩反常，学习习惯发生变化。
- 有具体证据支持你怀疑孩子的朋友会带来不良影响。

如果上述情况发生在你家里，你可以仔细查看孩子的房间、社交圈等。洛尼·库姆斯是一位检察官、作家、母亲，她支持家长遵从"平面侦查原则"，对孩子进行必要的侦查：

那些被孩子摆在明面上的东西，是你获取有用信息的一个来源，检查这类物品，不算破坏孩子对你的信任。在刑法中，这种对目光所及范围内的物品进行侦查的行为，叫作"平面侦查原则"。也就是说，警察有权对这些物品进行检查。按照这个原则，父母也有权对这些物品进行检查，如果你进入孩子的房间打扫卫生，看到有些物品摆在明面上，而且对这些物品有合理的怀疑，你可以打开查看。

在查看之前，你先要为自己进行一定的心理建设，想一想如果真的发现了什么，你打算怎么处置。如果这些物品证明你的孩子或者他的朋友正处于危险之中，你就要马上行动。但如果这些物品证明这并不是什么大事，你可以暂时不作处理，给孩子一些时间，也许他会向你坦白。况且，有些物品会让你误会孩子，真相究竟如何，需要进一步调查。所以，这些物品是给你提供信息、帮助你教育孩子的，并不是你"讨伐"孩子的武器。

如果孩子真的在做一些错误且危险的事情，或者遇到了难以解决的事情，比如滥用药物、抑郁、自虐、饮食失调等，父母一定要与孩子站在一起，帮助孩子应对麻烦、走出困境。此时，父母对孩子的爱和支持仍然摆在首要位置，确保与孩子的感情不疏远，这样孩子才会觉得，父母没有抛弃他，这将会给他莫大的勇气，使他能够从危险中走出来。另外，父母在发现这些危险迹象时，要先寻求专业援助，而不是自行处理。

最重要的是,别轻易承诺孩子你能解决他的所有问题,有些问题可能会超出你的能力范围。要让孩子明白,不是父母一出现,问题就会迎刃而解。但要让孩子知道,父母会好好陪着他们,接纳他们的错误,安慰他们的痛苦,这样,孩子也会更有勇气和能力去面对。

童年时,我很渴望自己能像《绿山墙的安妮》里的安妮那样,有一个像戴安娜·巴里那样长着黑色头发的志同道合的朋友,但现实并非如此,我与邻居家小伙伴们之间的友谊有很多江湖恩怨。我们曾经像彼此的影子一样总是形影不离,也曾经因为矛盾画出友谊的分界线。但这就是友谊,有充满爱的欢乐,也有失败的沮丧,它塑造着我们的人格。感谢父母当年让我肆无忌惮地体验友谊的滋味儿。我们也需要给孩子时间和空间,让他们去探索自己的友谊。

第六章

课外竞争

兴趣班本身是一件好事,孩子们能在兴趣班中学到很多东西:同理心、欣赏他人等。前提是每个人要各司其职,不要把彼此的焦虑和压力带给对方。

兴趣班变压力班

不管什么时候，家长们聚在一起，总能很快找到一个共同话题——孩子的学习。最近，我和几个朋友一起吃早餐，话题很快就转到了秋季运动会。大家聊到现在学校的各种活动竞争太激烈，比如每次运动会，教练只会颁发几个奖杯，家长们都希望自己的孩子能拿到，于是，比赛时，一些家长在场外朝着正在场内比赛的孩子大声尖叫，恨不得亲自上场帮他们。大家聊天的语气，从开始的愤愤不平到最后变为伤感无奈，这个转变让我有点意外。最后，我终于明白，在这样一个竞争激烈的时代，谁才是真正的失意者——孩子，本来可以单纯开心、轻松长大的孩子。

一起吃早餐的一位妈妈道出了她的苦衷：

小时候我很喜欢运动，感觉在体育运动中能找到自我，于是让女儿也去尝试运动。刚开始我很兴奋，以为她也能在运动中找到对自我的认同。但结果是，女儿并没有在运动中感受到乐趣、得到锻炼和找到自我认同，相反，她从中体会到的是"被抛弃""落后"等感觉。因为无论什么运动，教练都喜欢搞比赛，但女儿只是喜欢运动，并不是很想比赛。所以教练为了整个团队的成绩，就不太愿意让她参与，也不愿意过多地辅导她。其他孩子怕她"拖后腿"，也不愿意跟她一队。女儿感觉自己被抛弃了。后来，我们去报了体操课，但发现来这里的孩子，都是从幼儿时期就开始训练的，女儿同样也跟不上。女儿又觉得自己落后了。本来她想试试不同的项目，看看自己喜欢什么，可是每个项目的气氛都那么严肃，竞争都那么激烈，以至于到现在，她什么也没能尝试成功。她现在才9岁，9岁不正是尝试各种运动项目、寻找自己爱好的时候吗？可女儿却觉得她做什么都晚了。这太令人沮丧了。

说完这番话，这位妈妈眼里充满了泪水，所有人都陷入了沉默。没有人能给她合适的建议，因为大家都知道，现实就是如此。另一位妈妈对她的话表示赞同："现实确实让人沮丧，我的初衷只是想让孩子多尝试，掌握一些运动或舞蹈的基本技能，并从中得到快乐，但是现在各种兴趣班里的老师和孩子的神经都绷得太紧，以至于我们不得不去跟风，否则就很难融入其中。"

在我们社区里也是这样，八九岁的孩子大多已经参加兴趣班好几年了。更离谱的是，当地的室内足球联盟，初级班是从三岁的幼儿开始的，叫作"调皮小鬼联盟"。

各种兴趣班，兴趣的色彩已经没有了。对于大多数孩子和家长来说，上兴趣班不是为了乐趣和锻炼，而是为各种考试做准备。本该是非常轻松愉快的娱乐活动，现在变成了异常激烈的竞争比赛，难怪孩子们说，兴趣班变成了"压力班"。而且，越来越多的低龄小朋友正在陆续加入"压力班"。

印第安纳州急诊学医生、作家路易斯·普罗费塔表示，不能理解为什么我们对孩子要施加那么大的压力，并牺牲了那么多欢乐的家庭时光：

一路走来，不知道为什么，我们的教育偏离了航线。晚上，我们不再像以前那样，全家人围坐在餐桌旁，快乐地分享烤鸡、土豆泥、沙拉，取而代之的是一场升级版的4×200米的接力赛：我们的孩子就像接力棒一样，被我们从棒球练习课极速运送到啦啦队演练课，然后是游泳课，最后送到私人教练的手里。从17点到20点，我们的孩子奔跑在一个接一个的"小时区间"里，把自己宝贵的童年时光献给一个个已被功利性目的淹没的兴趣班。

心理学家理查德·韦斯伯德认为，兴趣班本身是一件好事，孩子们能在兴趣班中学到很多东西：同理心、欣赏他人等。前提是每个人要各司其职，不要把彼此的焦虑和压力带给对方。在他的《守护孩子的幸福感》一书中，他详细地阐述了这种观点：

竞技体育能让孩子学习到很多东西，在挑战的过程中，即使双方看起来针锋相对，也可以欣赏对手的技能；即使队友比较弱，也能在他们身上看到优点；即使教练在关键的时候做出了错误的判断，也可以学着站在他的角度看问题。这是一种难能可贵的品质，善于向任何人学习，有助于培养孩子宽容大度的品格，使他们学会不只是考虑自己的看法和感受，也可以客观看待他人的观点和需求。

除此之外，类似体育运动这样的各种课外活动，还能促进亲子关系，让家长与孩子有更多的相处时机。现在很多亲子活动都有大量开车出行的机会，在轻松愉快的旅途中，孩子更愿意与家长探讨一些平常比较难开口的话题，最真诚、最不设防地吐露心声。这是一个倾听孩子吐露失落、疲惫、热爱或者反感等各种内心感受的机会，是一段宝贵的亲子时光。

可以跟孩子一起享受运动带来的乐趣，比如看孩子打比赛，不必为孩子表现不佳而过于焦虑。只要他们在赛场上努力了，无论失败还是成功都有意义，重要的是你一直在场外为他们鼓劲，跟他们一起享受这种美好。在这个过程中，每个人都放松一些，守好自己的位置，做自己该做的事情：教练负责指挥，孩子负责比赛，你负责欣赏比赛。兴趣班不功利，父母不焦虑，孩子就可以无压力。兴趣班中不是不可以引入竞争和比赛，只要不过于看重成败，允许孩子失败，兴趣班也可以很美好。

压力家长现象

心理学家温迪·格罗尔尼克说，现在的家长在教养孩子的过程中出现了一种现象，称为"压力家长现象"，也叫 PPP 现象（Pressured Parents Phenomenon）。

第六章 课外竞争

　　PPP现象是一种本能的焦虑反应。当孩子面临学业、体育、社交、艺术等方面的激烈竞争时，我们的"生理逻辑控制电路"就会启动，从而引发这种焦虑反应。这是一种来自内心的巨大压力，大到会使我们坐立不安。直到我们觉得自己的孩子有了百分百的保障——已经被某个极具吸引力的学校录取，或者已经荣获学校管弦乐队的一个席位，或者已经加入了大学校级运动队——我们才能安定下来。

　　只要看到孩子在承受压力，这种焦虑就会随时启动，哪怕孩子的压力只是回击一个高高飞起的羽毛球，我们的"战斗或逃跑"反应都会启动。就算此时我们的大脑会告诉我们，孩子并没有什么危险，我们的身体仍会呈现高度警觉的状态，我们的皮质醇水平仍会飙升。一旦PPP现象启动，家长们的压力荷尔蒙就开始起作用，在这种情况下，想安静下来谈笑风生，或者在失败中吸取教训，都太难做到了。PPP现象的出现是个危险的信号，它会升级我们的情绪反应，加重我们的危机感。所以，当我们在场外观看孩子的比赛，本能焦虑开始加剧时，要提醒自己：客观地看待这一切，这只是一场游戏，放松。如果有必要的话，可以把头埋在膝盖中间让自己平静下来。孩子参加任何课外班的初衷是为了娱乐、锻炼，并从中收获技能和团队合作的宝贵经验，即便是奖品丰厚、对奖杯极其渴望，这个最初的目标仍然不能改变。

格罗尔尼克解释说，PPP焦虑会传染给孩子，给孩子也带来巨大压力，妨碍他们体验失败、走向成功，还疏远了我们和孩子之间的关系。

那么，是什么给了父母这么大的压力，导致父母这么焦虑呢？原因之一就是竞争。

教养与竞争混在一起，实在是个糟糕不过的组合，尤其是家长让自己的几个孩子互相竞争。丹尼尔·平克在他的《驱动力》这本书中说，工作团队应该是一个"非竞争"区域。"让同事之间相互竞争，以此来激发他们提高业绩，这种做法几乎是徒劳的，而且往往会损伤员工们的内驱力。"而在家庭范围内，就像在办公室和教室里一样，没有竞争压力的情境下，运转效果反而最好。

因为竞争会导致过度教养，即便竞争的目的不是什么奖杯或者奖学金，仅仅是为了获得认可，也会导致这样的后果。

第六章 课外竞争

在一项研究中，实验者邀请几组亲子组合（妈妈和孩子）完成一份主题为"关于我"的问卷调查。这几组亲子组合被分成两组，组织者告诉其中一组，这个问卷调查只是一个趣味活动；告诉另一组的妈妈，待会儿她们的孩子所填的表格，将会有另外一组孩子为他们评级。第一组的妈妈们因为心里没有孩子将被评估的压力，所以只是坐在一边，看着孩子自己填写表格；而另外一组的妈妈知道孩子将要被评级，于是不断地左右孩子的答案，让孩子填写有助于提升形象和受欢迎的答案。

导致第二组妈妈过度管教的原因，无非就是孩子将会被评价，将会与别的孩子做比较。所以，是竞争导致了过度教养。现在想象一下，同样是这一组亲子组合，五六年之后，在一场大型足球展示巡回赛上，妈妈们坐在场外看着教练们根据孩子的能力记录成绩。这时，大学录取名额、奖学金、体育事业都在前方摇摆，能不能获得成功还不知道。此时，竞争的大门就会顺理成章地敞开，这些家长的焦虑就会喷涌而出，以各种形式表现在对待孩子、教练、其他家长、运动员的态度和方式上。

同样，奖杯、奖章、奖学金就像诱饵一样在孩子们的眼前晃来晃去，让他们在运动中不断争夺、拼尽全力，这样的氛围，即使是团体运动也不大可能培养出团体合作精神，相反，还会加剧竞争和焦虑，损坏孩子们的内驱力。在学习和社交方面，家长用奖赏换取孩子们的乖表现时，会扼杀孩子们的内驱力。同样，奖杯、奖章、奖学金这些奖励，也会损害孩子们参加运动活动和其他娱乐活动的积极性。

我不是说要完全消除竞争和奖励，而是说，即便是给每一个上场的孩子都发奖品，也会对孩子的自我价值感造成不利影响。不能让过激的竞争驱动力伤害孩子的运动精神、临场表现和内驱力，家长需要在这之间找到平衡点。

我请教过自由滑雪运动员汉娜·科尔尼，她曾两次荣获奥运会奖牌，我问她，什么样的家长称得上是理想的支持自主型的家长，她说：

运动场外，支持自主型家长从来都不会焦虑得大声咆哮。他们就坐在那里默默观看，当孩子赢了比赛时，他们坐在那里；当孩子输了比赛伤心难过时，他们依然会在那里，默默支持着自己的孩子。孩子可能会受伤，会坐冷板

第六章　课外竞争

凳，甚至会被裁掉，支持自主型家长从来都不会在这个时候露出失望的情绪，他们只会默默倾听孩子的委屈，并帮助他们在失败中找到积极的元素。

我10岁时，父母用一条足球短裤贿赂我学习踢球，让我坚持参加第一周的训练，但真正让我坚持下来的，是第一个进球对我的鼓舞，那一刻的感受我到现在还无法忘记，这才是我从事体育运动的动力。从那以后，我就专心投入了体育运动，而我的父母就一直守候在那里。我的爸爸妈妈为了我的滑雪事业和弟弟的曲棍球事业付出了很多：他们会在我练习时为我拿着音箱，让我在完成规定动作和编排动作时，能听到我喜欢的音乐；他们还会为我从课本上誊写题目，方便我在去比赛的路上完成作业。他们很支持我，但从来不会强迫我。我找到了自己喜爱的运动之后，怎样向前走，是我自己决定的。如果父母决定孩子的一切，那对孩子来说就是一场灾难。

这就是我理解的支持自主型家长，他们从来不会鼓励孩子盲目竞争，但有了竞争，他们也不会过于焦虑，更重要的是，在孩子失败时，他们能安心陪伴，默默支持。

成功的场外家长行动指南

要成为那个能帮助孩子在失败中找到积极元素的家长，该如何去做呢？我曾经采访过汉娜·科尔尼和其他运动员，以及一些教练和运动员家长。我问他们：一场比赛结束后，无论输赢，孩子都能有所收获，家长该如何做才能达到这一点呢？他们给出了以下几条建议：

1.只做家长，不做教练。在运动场内外，父母只需要扮演好父母的角色，不要对教练的工作指手画脚，除非你的孩子受到了不公平的待遇或者安全威胁；在赛后开车回家的路上，不要抨击教练的决策或者裁判的裁决；不要坐在客厅的扶手椅上充当教练的角色。关于如何帮助孩子进步、孩子在训练或比赛中的表现，以及如何避免受伤等问题，你可以随时跟教练保持沟通，但不要干扰教练的决定，也不要讨论队里其他孩子或者团队策略，至于孩子在每一场比赛中能够上场多少时间，更是只有教练才能决定。

永远不要当着孩子的面说教练的坏话。这样做会破坏孩子对教练的信任、尊重和信心，从而让他陷于进退两难的境地。如果他同意你的看法，就会对教练产生抵触情绪；如果他认同教练，就会对你产生抵触情绪。所以，不要让孩子处于这种境地。如果你真的对教练不满，可以在孩子不在场的时候直接与教练沟通。

2. 不要要求孩子去完成你的梦想。不管童年的你在棒球、足球或国际象棋方面多么有天赋，获得过多么辉煌的成绩，也不管你多么热爱某项运动，但因为种种原因未能从事，多么遗憾，你都应该明白，辉煌或遗憾是属于你的，你没有权力要求孩子重现你的辉煌或弥补你的遗憾。也许你真的是发自内心热爱着棒球，你可以在他刚刚出生时就把波士顿红袜队（美国职业棒球大联盟棒球队名）的连体服盖在他身上，但仅限于此，你不能强迫他去热爱你的热爱，因为人类无法克隆，尤其是人的精神。你的孩子有他自己的渴望、抱负和梦想，他应该找到属于他的梦想，而不是"继承"你的梦想。

3. 滋养孩子的成长型心理模式，给试错留出足够大的空间。从事运动行业是非常艰苦的一条路，难度会随着孩子所参加的比赛级别而不断上升。专业滑雪运动员和极限运动员卡洛琳·格莱希说，她从业余运动员转为专业运动员时，感觉特别难，因为她曾经是固定型心理模式。

那时我觉得必须要改变我的思维模式。以前我的父母一直说我很棒、有天赋，凭着天赋，我从来没在运动上遇到过什么困难，吃过什么苦头，后来我才知道，这是因为我很少去挑战困难。那时有一个像跳台滑雪之类的动作，我认为我根本做不到，于是也不想去尝试，但看到别人做这个动作且成功了的时候，我又非常羡慕。后来我决定尝试这个动作，我发现，我做不到是因为我从来都没有上过体操课，于是我去学习体操，虽然很难，但最终我成功了。所以，从事体育运动必须放下自己的固定式心态，想做什么就去尝试，能做到几分就做几分，以这个为起点，不懈努力。

格莱希之所以能够从众多运动员中脱颖而出，是因为她明白，最初的失败是走向最终的成功的必经过程，正是这个过程中的一步步跌倒，才使得成功的一刹那显得那么珍贵，那么令人满足。

第七章

初中：各种能力的修炼场

在等待孩子的大脑慢慢发育的过程中，在孩子摸索自己的解决方案和遭遇失败的过程中，身为家长，要做的是学习如何支持孩子，如何帮助他们培养执行力需要的技能和习惯。

帮助孩子掌握执行力

"你真的是中学老师吗?"

经常有人一脸同情地问我,脸部肌肉还不自然地抽动着,似乎在说"你真不幸"。

没错,初中生很难"对付"。他们就像还没有完成蜕变的蛹,充满好奇心但又容易冲动,活泼善变而让人抓狂。但这些矛盾的特点,恰恰也是他们重要的导航工具,可以帮助他们从初中这段让人摸不透的水域安全摆渡而过,从而更加靠近成熟。

处于这个阶段的青少年,个体发育差异很大,有些身体发育超前的孩子,看起来和成年人差不多,但从大脑发育的角度讲,他们仍然是孩子。因此,我们要耐心等待他们的神经发育追上他们的体格发育,在这段时间,我们要接受现实,把修炼场交给他们自己。他们正在期盼着挑战的到来,等待着可以实现自主、为自己行为负责的机会。他们会感觉到,自己越来越有能力驾驭自己的生活,这让他们感到兴奋。

在初中生活刚开始的几个月,他们的生活还是有些混乱的:我们会眼睁睁地看着他们把皱巴巴的试卷一股脑地塞进储物柜,还得需要帮他们捡起活页夹里散落出来的东西,还要不断地教他们如何记住英语课之后上什么课、科学课要带哪些资料。一位妈妈向我说起自己孩子初中生活的混乱状态:"每次把两手伸进他的书包我都会发怵,不知道里面会装些什么,其实连他自己也不知道。"

在初中,这个好玩的游戏——试错,会继续玩下去。所以,拥抱它吧。每个人都在试错,包括那些特别牛的孩子。这个时候,失败的概率很高,但风险却不高、代价也不大,所以,尽情尝试失败吧:学着组织、计划,尝试攻克"书包里面有什么"的难题,这需要家长和老师共同努力,给孩子体验的机会。当然我们也会顾虑,担心他们的经验有限,担心他们的时间不够,担心他们来不及为将来更加复杂的生活做准备。但不管怎么样,时间会教会他们一切,那个总是迟到、做事毛毛躁躁的男孩,总有一天会学会管理自己的生活。

因此,我们要选择相信他们有自己变得更好的能力。尽管他们还没有掌握组织、计划、时间管理、焦点切换等方面的能力,但他们终将会到达那一站。

初中阶段的孩子经常会出现迟交作业、忘记带作业、丢失课本等现象，最根本的原因其实就是心理学家们所说的执行力不完善。执行力是指为了实现某个目标而管理时间、资源和注意力的技能和心智流程。孩子们需要足够的经历去培养执行力，才能经受住以后人生中的种种考验。

学习执行力的速度因人而异。有的孩子学得比较快，有的孩子要等到高中甚至更大一点儿才能掌握。习惯依赖父母的孩子和没有足够机会体验的孩子，在学习执行力的技能时，也会落后于他人。只有让孩子在错误中感受痛苦和不便，在失败中经受打击，然后再去补救、努力修复心灵的创伤，然后再去尝试，反复循环，最终才能收获较好的执行力。

不止一次忘带午饭？因为忘记带作业被老师记了零分？这些事情你都不要插手，让孩子自己尝尝后果，这会推动他主动提高自己的执行力技巧。让孩子亲尝苦果所起到的激励作用，远远大于你的苦口婆心和长篇大论。父母的每一次插手或营救，都会扼杀孩子一次学习机会。失败经历中每一分钟的煎熬、每一个学习机会，都是孩子需要的。初中后就是高中和大学，在那里，有更大的挑战和更加沉重的后果等着他们，所以，在这之前，要先锻炼一下他们的心理承受能力。

在等待孩子的大脑慢慢发育的过程中,在孩子摸索自己的解决方案和遭遇失败的过程中,身为家长,要做的是学习如何支持孩子,如何帮助他们培养执行力需要的技能和习惯。

自控力的修养

一个春光明媚的日子,我正准备上英语课,同学们都已回到了自己的座位上。这时,有个什么东西从我的头上嗖的一下飞了过去,"哐当"一下砸在我身后的白板上。有人袭击我?我转过身一看,不知道是谁朝我这边扔了一根自动铅笔。我扫视全班同学,想弄清楚到底是谁干的。很快我就找到了"罪犯",他睁着圆圆的眼睛,张大着嘴巴,正努力躲闪着我的视线。下课后,我把他带到一边,问他当时在想什么。

"呃,我不是朝你扔的,"他支吾着,"我想扔到垃圾回收桶里,但是没扔准。"

"但是,自动铅笔是不用回收的啊……我刚才问的是,在你冲我扔铅笔之前，你在想什么？"

他低头盯着自己的脚，胡乱地在地上瞎搓着："没想什么。"然后又抬起头看着我，耸了耸肩膀，"我不知道自己为什么会把铅笔扔出去，直到铅笔飞出去那一刻我才明白发生了什么。但那时，已经太晚了。"

这是一个诚实的答案。要帮助孩子克服自己的冲动行为，关键在于教会他们了解自己的行为模式，以及这些行为发生之前的惯用肢体语言。我们要在这些孩子扔出铅笔或纸飞机之前，就指出他们抖腿和搓弄手指的行为是不妥的，并教他们认清，这些都是问题行为爆发的先兆，需要他们注意。青少年这个群体有个普遍的问题，就是自我觉知能力差。但是，如果我们的提醒足够及时，他们就能学着去认识那些先兆行为，并调整自己的关注点、内心冲动以及将要爆发的冲动行为。当然，这不是件容易的事，但是，培养孩子的自我觉知能力是教孩子学会自我控制的一个重要环节。

下面提供一些方法和技巧，帮助孩子学会自控：

• 找到彼此都能接受的提示信号。比如有的学生，老师只需轻轻拍一下他们的肩膀，就能使他们恢复注意力和平静心态。在家里也同样可以使用这个方法。这样做既可以避免引起孩子的尴尬，也能以不唠叨、不训斥的方式有效传达信息。

•铅笔游戏。儿童心理学家威廉·胡登科有个很好的方法，能帮助孩子学会识别自己冲动行为的苗头，从而向大脑发出提示：你需要调整自己的注意力了！这个方法就是"铅笔游戏"。

给孩子两三支铅笔。告诉孩子，在感到自己开始走神儿的时候，换一支铅笔。换铅笔的作用是给他的大脑发出提示："噢，我要集中注意力了！"而换铅笔这个行为，也会成为他重新集中注意力的一个提示信号。

最终，孩子将不需要那些铅笔，因为他的大脑将会养成习惯，识别分神状态，然后自动调整自己的注意力。铅笔只是在一开始代替了唠叨的父母和老师，提供提醒功能。

•FER。如果你的孩子容易把铅笔弄丢，或者根本就不喜欢带什么道具，威廉·胡登科还给出了另外一条建议，他称之为 FER。FER 的三个字母分别代表 Flag（旗帜）、Eye contact（眼神交流）和 Rehearse（复述）。"旗帜"指的是"弄清关注的重点",比如,老师正在讲课,学生应该认真识别老师讲课的重点内容;"眼神交流"指的是要与对话者进行眼神互动,比如上课时要尽量捕捉老师的眼神;"复述"是指在心里复述老师讲课的重点。这个方法是专门训练注意力的,可以让这个阶段的孩子较好地集中注意力。

但所有的方法都需要时间、实践和耐心。你可以跟孩子讨论使用哪一种方法,也可以和孩子商量出一个更适合他、他认为更有效的方法,并提出一个具体的执行计划。

培养孩子的心理灵活性

我儿子正沉浸在搭积木中,他想搭建一个他想象中的王国,他非常专注,这时我走了过去,告诉他五分钟后我们要出门,去游乐场玩。他不得不停下积木游戏,然后抱怨为什么不早点告诉他。他并不是不喜欢去游乐场玩,而是自己专注的事情被打断了,他需要立刻做出改变,他不喜欢这种立刻改变的感觉。他需要几分钟的缓冲时间,才

第七章 初中：各种能力的修炼场

能把关注点从积木游戏切换到过山车上。

这是儿子5岁时发生的事情，那时他的认知还缺乏弹性。然而初中的孩子则必须学会在不同的事情中灵活切换，最常见的就是从家里切换到学校。年龄偏低的青少年切换起来不是那么容易，他们早上醒来后，通常需要较长的时间才能起床，然后吃早餐、上学。如果他们不能按时到校，一天的学习生活就会很不顺利。因为从他们到学校上第一节课之前，需要整理书包和物品、与朋友调侃、穿好校服、端端正正地坐好，这一系列活动大概需要10～15分钟。如果缺乏这个过渡时间，第一节课对他们来说就是一场急匆匆到来的噩梦。他们的大脑、身体、整个学习状态都会处于一种杂乱无章的状态。对许多孩子来说，这种茫然无措的状态会一直持续到午饭时间。直到中午，他们才有时间喘口气，整理和安排好当天的思路和事情。

一到学校，孩子就要奔走于不同学科的课堂之间，不断地调整自己的思维，从数学到法语，从法语到物理，在自己的储物柜里更换不同学科的书本和资料，去适应有着不同规矩、不同要求、不同性格的老师。勉强应付完一天学校的思维切换，放学后还要面对一项项课外活动，然后继续切换。回到家后，他们的思维要从足球练习切换到家庭作业、到晚饭、到电视，再到睡前阅读，完成一次次的跳跃。如果放学回来他们还没说累，那么等到他们躺在床上的时候，一定很累了。因为思维焦点不断切换会带来疲惫感，再加上需要处理的大量学业任务和体力活动，都会让孩子感觉到疲惫。而切换得越灵活，这种疲惫感会越少。所以这个阶段的孩子太需要培养心理的灵活性了。

　　下面提出的一些指导建议，将会有助于培养孩子的心理灵活性，管理好孩子学习和生活中的转变：

- 在家庭的日程安排中，注意保持一定的连贯性和可预测性。这样能让孩子因为外界的稳定性而感到安心。
- 如果家庭的日程安排出现临时变化，你要保持淡定。孩子很会察言观色，他们会从父母的表现中学习如何管理压力。如果你在面对转变时是从容的，孩子才会跟着淡定。
- 坚持使用家庭日历，尽量提醒孩子日程安排和约会，尤其是在例行事项出现变化之前，务必提醒孩子。
- 只要孩子能够自己使用日程计划表，就撒开手让他们自己管理自己的日程安排。如果孩子有时间意识，能自己组织时间表，他们就会有一种自主感，从而有利于推动他们朝着更自立的方向发展。

• 坚持让孩子遵循睡眠规律，周末和假期也不例外。研究表明，打破睡眠规律之后，需要很长的时间才能恢复，而充足的睡眠对于培养执行功能的各个方面都很关键。

对付糟糕的工作记忆

工作记忆，这个词猛一听会让我们想到成年后的工作场景，而实际上，工作记忆并不是职场用语。工作记忆相当于电脑的随机储存器，是一种较短时间范围的记忆形式，能够让大脑组织同时处理多种想法。然而，青少年的工作记忆通常很糟糕。比如，我儿子正在练习吉他，如果此时我告诉他让他去喂狗，过一会儿他可能会走进厨房，两眼茫然地盯着我。很明显，他一定是在走进厨房的这段时间，把我刚才说的话忘得一干二净。虽然这种事情很让人恼火，但确实也很正常，此刻，一个温柔的提醒——不掺杂任何怒气和批评的提醒——会让他重回轨道。

工作记忆差，不仅让孩子在家里很是恼火，在学校也给他带来了很大烦恼。比如,老师一般都喜欢口头传达一些信息,如果孩子工作记忆差,老师传达的信息很快就会被他忘得一干二净,然后影响他的学习。所以,对付青少年糟糕的工作记忆,我们需要一些策略:

• 给孩子做一个听力测试。虽然听力与工作记忆之间没有关系,但有些听力有缺陷的孩子,看起来总像是记忆有问题。所以,先排除这种可能。

• 保持耐心。重复是关键,孩子的大脑正在发育,多重复几次你说的话,说不定什么时候他们的工作记忆就够用了,那时,你就不用总是重复同样的话了。

• 把你分配的任务写下来,让孩子可以随时查看。比如,在冰箱上张贴任务要求。

• 如果孩子的学校允许,使用课堂录音,尤其是在考试讲评课或者通过演讲传达信息的课堂上。

• 简化你的说明指示,别长篇大论。

• 培养孩子的听辨能力。提高工作记忆的一个重要环节,就是要及时把没有必要记住的信息过滤出去。比如,在开车回家的路上和孩子一起听新闻,问孩子:"你认为这段报道中最重要的观点是什么?"随着孩子逐渐长大,需要消化处理的信息量越来越多，所以锻炼这种技能是非常必要的。

提高孩子的自我觉知能力

青少年对自己做事的过程，缺乏自我觉知能力。什么是自我觉知？就是对外部世界的内在感受。比如，清理浴室马马虎虎，午餐包里除了膨化食品别的几乎什么都没有，但他们不会觉得这样有什么不好，因为他们的自我觉知能力很差。因此，要青少年完成一项任务，需要具体明确的引导，才能保证过程和结果不出差错。拿我家来说，我并不是简单地交代几句就把孩子扔到户外。我会先陪他一起做，比如码放木材时，我会先教他如何在最底层搭好支撑，如何利用地面的角度，如何补救木材切割不够均匀的问题。这样，孩子不仅学会了如何码放木材，还学会了如何监控过程中的细节。

下面我提供一些小技巧，帮助青少年提高自己的自我觉知能力：

- 父母一开始就要把你的要求表达清楚。第一次做时，父母要陪孩子一起做，这样在做的过程中，就可以和孩子一起讨论一些技巧和经验。

- 当孩子宣布他已经完成任务时，父母要帮助孩子将他们实际提交的结果与家长（或老师）期待的结果进行比较。

- 如果孩子犯了错误或者没能完成任务，别忙着批评，而是要一步一步地教他们如何补救。父母要充分利用失败的机遇，把失败变成教孩子提升补救能力和开动脑筋的机会。有的时候，失败能教会孩子另外一种技能，或者说，失败本身就是一个意外的发现。顺其自然地去体验，当那些经验和教训变得显而易见时，用幽默的方式引导孩子去体验。

- 在支持孩子进一步提高的过程中，表扬他们的努力，把错误当成一次学习的机会。孩子要学着审视自己做事情的过程，将结果与要求做比较。这方面的经验越丰富，孩子的能力就越强，就越能更好地衡量自己做的事情的进展，并最终圆满完成任务。

孩子磨磨蹭蹭，缺乏的是启动力

对所有年龄段的孩子来说，展开和执行一项新任务都不容易。面对新任务磨磨蹭蹭，我们习惯称之为拖延症，而全世界的孩子似乎都是拖延症患者。心理学家把展开和执行新任务的能力，称为"启动力"，这是执行力中的一个基本技能。启动意味着开始，意味着克服惯性。大多数孩子很难做到自己提出一个想法，拟出一个计划，并安心实施这个计划，而这些正是执行功能的内涵之一。孩子缺乏启动能力，就会造成学业上的拖拉。有时，问题的关键是孩子不知道完成一项任务需要多少时间，还剩下多少时间；而有时，无非就是惰性的问题。

大多数年龄较小的孩子，都要等到大人告诉他们该去做什么事时，才会开始做，但是随着孩子长大，父母要推动孩子依靠自己的力量启动并完成任务，让他们做到独立。

下面的一些建议，可以帮助父母培养孩子的启动力：

- 坚持做清晰详细的日程安排、周历和月历。成年后善于时间管理，多半是小时候养成的习惯，小时候就知道如何在时间紧张的情况下，为某个具体的任务安排合适的时间。

- 讨论一下时间管理的问题。如果孩子在上床睡觉之前有三件事情要做，与孩子谈一谈，每件事情需要多少时间，如何安排才能保证按时上床睡觉。

- 发挥定时器和闹钟的作用。这样，提醒孩子注意时间的就不是父母的唠叨，当孩子看到时间一点一点过去的时候，他们会对时间有个直观的理解，而不再是一个抽象的概念。事实上，孩子对于抽象的时间是很难理解的，十分钟和一个小时对于很多孩子来说没有区别。

- 以身作则，你想把孩子教成什么样，你就要做出什么样。让你的孩子看到你是如何预算时间的，如何巧妙安排生活中的家务和工作的。让他们明白，做好一顿晚餐不仅仅是饭前那半个小时的忙碌，还有做之前解冻、洗菜、切菜等准备过程，向他们解释整个过程，说明你如何提前规划这个过程，并适时邀请他们参与到这个过程中来。

培养孩子的条理性

有条理地整理自己的物品,安排好自己的学习和生活很重要。多数学生在进入中学时,还没有形成良好的条理习惯,就像一个妈妈说的那样:"我家孩子上初一了,可还不会整理东西,让他整理试卷,他就把那些试卷一股脑儿塞进柜子或书包。等到用时又找不到了,每次都像考古挖掘似的,在一堆皱皱巴巴、破烂不堪的试卷中倒腾一番。"

当然有一些实用的策略,可以帮助孩子提高条理性。但是要掌握这项技能,得有一个循序渐进的过程,即便你的规划能力很强,也不可能让自己的孩子一蹴而就。在培养孩子的条理性这条路上,没有速成技巧。其实在人的一生中,很多技能都是一点一点地进步和优化,所以在一开始,他们很可能只能掌握一些初级技巧。这个时候,我们不要着急,我们的目标不是要孩子达到完美,而是让孩子获得一些基本的技能和方法,比如,如何让自己的试卷整洁有序、去哪里才能找到自己需要的资料、需要花多长时间准备周五的拉丁语测试。当然,在这个过程中,依然会伴随着多次错误和失败，而失败也必然会带来进步。

　　家长和老师可以帮助孩子克服自身的不足，形成条理性。以我和我的学生为例，我要求学生每周三清空他们的储物柜，整理好里面的试卷，并列出一张核实清单。有些条理性更好的孩子会把单张试卷整理到文件夹里，并将那些多余的资料扔掉。有些学生经常会在这个时候发现，自己竟然有三份一模一样的作业，才想起有一次做完作业不知道放到了哪里，翻遍了所有地方都找不着，不得不再做一遍，结果又不见了！可见，条理性有多重要。如果孩子的学校没有这方面的训练，你可以让他每周抽出 10～15 分钟的时间，在家里做这项整理工作。随着孩子渐渐养成了整理收纳的习惯，就不需要再特别拿出一段时间来做这件事了，更不会因为不会归纳物品，而导致自己多费力气。但开始时，规定一个特定的时间来做训练还是必要的。

　　培养孩子的条理性，需要我们付出耐心，并允许孩子失败、失误，不管后果是什么。可能是忘记带作业被老师扣留，可能是足球训练时忘记带护口器被迫坐冷板凳，也可能是拖拖拉拉被老师记过处罚，都要允许。允许他们因为犯错而伤心，不过这个时候父母要退后观望，不要营救他们。因为每一次品尝苦果，都会推动他们改变自己，改善条理性，提高执行能力。相反，你的每一次营救，都会把他们往依赖、拖延、混乱的方向又推进了一步。初中的时间那么短暂，他们不能像小学那样肆无忌惮地犯错，也不能把错误带到高中，年龄越大，犯错误的代价就越大。要把初中的问题在初中解决。

每次你想把孩子落在家里的作业送到学校时，每当你忍不住想帮孩子准备午饭时……每次你想这么做时，就想象一下这样的画面：他自己整理书包，并且能把足球课要用的书包和课堂上要用的书包分别整理得整整齐齐；他自己准备并带好自己的午餐；他自己写便条提醒自己，记得带上妈妈签好字的表格；他在日历上标记好未来一段时间的注意事项；出门时，他能带好自己的所有东西。并且这一切，全都不需要别人的嘱咐或提醒。想想这个画面，是不是很令人神往？只要你有足够的耐心，他们终有一天会变成你期待的样子。

第八章

高中及以后：走向真正的独立

当孩子们走出少年时代那温暖的港湾，开始开辟自己的道路时，我们应该允许他们靠自己获取资源和工具，因为前方的路是他们的，不是我们的。尽管我们想让他们一帆风顺，走向成功，为此不惜为他们铺平道路，但我们应该做的是让他们经营自己的人生，我们不应该用我们的想法和需求去捆绑孩子的自由。

外表像大人，内心还是个孩子

我曾在一所高中做过一场演讲，主题是关于孩子的内驱力和自制力。演讲后的提问环节，我发现有位家长一直躲在人群的最后面，耐心地等所有人都问完问题离开大厅，她才凑上前来，悄悄地对我说：

"我儿子17岁了，但每件事都要我替他操心。"

她停了停，盯着我的眼睛，又碰了碰我的胳膊，加重语气地补充道："每一件事！"

我点了点头，等她把话说完。

"我从来都没有让他尝过失败的滋味，一次都没有，我想……我的意思是，他现在都17岁了，即便是我想放手，是不是也太晚了？"

她说完这句话，都快要哭了。看得出来，她想改变的决心很大。于是，我们坐下来，制订了一个计划，这个计划的目的是，充分把握她的儿子成年前的最后一年。

过去，人们认为18岁就是成人了，到了18岁，孩子们就可以离开父母，独自闯荡世界了。然而这些年来，因为孩子们那迟迟无法结束的青春期，成年的时间似乎被推迟了。许多刚刚迈入成年阶段的青年，一边确实不知道怎么做一个成年人，一边又被期待着做事说话像个成年人。青少年心理学家詹妮弗·哈特斯坦提到，在工作中，她发现越来越多的孩子在成人初期（18～25岁）就陷入了迷茫，他们挣扎着寻找自己的路。

这类孩子是从小不被允许犯错的孩子，没学过如何从失败中站起来，没学过如何接纳失望，没学过如何管理自己的人际关系并为自己负责，没学过如何摆脱焦虑。我总是问这些孩子的父母："小时候，你不给孩子机会去学习如何做一个成年人，又怎能期待他长大后自然而然就成为一个合格的成年人呢？"

现在，有很多爸爸妈妈会陪孩子上大学，参加工作面试，甚至跟公司谈工资。正如《青少年周刊》指出的："孩子们在成人初期表现出来的各种消极现象，与父母不愿意放手有直接的关系。"作者认为：

那些刚迈入成人年龄的青年，应该学会自己解决与室友之间的矛盾，自己选择工作，自己向教授寻求帮助。如果不自己做这些，青年就等于舍弃了一些必要的经历和实践，而这些经历恰恰是他们取得事业、婚姻、社交成功所必需的。通过这些，他们才可以真正地成长和发展。

换句话说，只有父母后退一步，让青少年拥有自主权，他们才有机会去体验完全属于自己的胜任感。这种胜任感是他们在工作、家庭、婚姻方面取得成功的必要条件。一些有成年子女的家长，谈到他们的教养经历时，讲述了他们放手是多么的难：

放手让孩子去经历失败，这对于我真是一件很难做到的事情。我的儿子现在已经35岁了，他十几岁的时候希望我允许他失败，也就是说，他失败时我不能再用冠冕堂皇的话去包装他的失败，因为那样会让他觉得，他并没有失败。可是，要承认、接纳孩子的失败对我来说太难了，因为那首先代表我失败了。

父母是注定要退出孩子的生活的，我们与孩子的分离，从把孩子放到地上，然后他们迈出第一步的那一刻就开始了。接下来，他们会念的第一个单词、他们第一天独立上学、他们第一次约会，每一次独立完成一件事，都是他们人生的里程碑，都标志着他们走向了独立人生的不同阶段。而这一路上，我们的工作不是保护他们免受失败，而是帮助他们在挫折和打击中坚强地站起来。

当孩子们走出少年时代那温暖的港湾，开始开辟自己的道路时，我们应该允许他们靠自己获取资源和工具，因为前方的路是他们的，不是我们的。我们想让他们一帆风顺走向成功，为此不惜为他们铺平道路，但我们应该做的是让他们经营自己的人生，我们不应该用我们的想法和需求去捆绑孩子的自由。一位妈妈很坦诚地说："我非常渴望成功的人生，我们那一代人大多都这样。所以也希望孩子能有一个成功的人生，因为孩子的成功也能给我带来荣耀。因为这样，我总是干涉孩子的人生，关于我和孩子之间的界限，我一直很模糊。"

成年前实现独立自主的最后一次机会

如果你是一位控制型父母，在孩子高中之前习惯用各种羁绊束缚孩子，把他们的无助和无能捆绑在一起，那么高中和大学则是孩子脱离羁绊、迈向成年、实现独立自主的最后一次机会。如果孩子习惯了这种状态，那么要改变就不会是一件容易的事。他们需要一个过程，才能弄明白父母的期待和自己的能力上限之间的距离。而且，重新界定他们的能力会比以前更麻烦。

比如突然提高对孩子的要求，或突然放手让他们自己去做决定、去解决问题，孩子难免会出现一些愤愤不平的情绪，甚至暴怒。等这些突变引起的消极反应慢慢平息，父母才能真正把属于他们的责任交还给他们。

要界定5～10岁的孩子应该具备哪些能力，可能没那么容易，但要界定即将迈向成年的青少年应该具备哪些能力则相对容易，因为此时，父母能完成的任务，他们基本都能完成。如果给他们足够的时间和空间，他们甚至比父母做得更好。

孩子的青春期，对父母是一个挑战。从学习和认知发展的角度来看，青春期是一个蕴含着巨大身心收获的阶段，也是父母培养孩子加速学习成人能力的绝佳时期。

十几岁孩子的认知发展，已经进入完全运算阶段。完全运算阶段是皮亚杰认知发展理论中认知发展四个阶段的最后一个阶段，是指在具体运算阶段之后，11岁以上孩子的抽象思维能力和从已知信息中推导结论的能力已完全成熟，逻辑思维能力得到进一步发展。他们可以根据过去的经验推断结果，还可以将抽象的概念与现实相连接，这个能力在几年前他们还无法掌握。更重要的是，他们的执行能力也在提高，规划能力也得到了发展——为达到自己渴望的结果，他们能够拟出系统的方案。

更厉害的是，在这个阶段，他们犯错的频率降低了。以前，他们为了达到某个目标，会盲目尝试，导致总是犯错；现在，他们会先进行前瞻性的、策略性的思考和规划。这时的青少年可以在大脑里同时储存并运作多个可能性和想法，并会仔细思考自己的想法如何在现实中展开，然后才启动计划，而不是鲁莽地开始行动。这样，他们做事情的成功率提高了，效率也提高了。正如大卫·班布里基在他的《青春期：一部自然史》中阐述的那样，"在十几岁的时候，孩子才能成为心智成熟的大人"。

每当与家长们谈到必须要给孩子的失败留有一定的空间的时候，家长们就会说，他们也想这样做，但是做不到。他们认为这样做成本太高——一切都那么紧迫，孩子的每一分钟都那么重要，错了重来，时间成本太高了。除了时间成本，其他代价也太大了。一个小小的失败，就会让孩子的奖学金告吹，就会导致他从优等生的名单中被删除，甚至是留校察看、休学等，在他的学业记录和人生经历中留下永远抹不掉的一笔。家长们这样说也没错，但是，如果孩子在家里总是受到家长的各种庇护，从来没体验过挫败，那么离开家以后，面对的风险就更大。因为完全没有遮挡的世界（社会）要比半封闭的世界（家庭）的危险大得多。有一位妈妈，她的孩子已经长大成人，她说：

有时候，我们家长必须要后退一步，扪心自问，我们到底希望孩子拥有什么样的成功。

如果我们剥夺了孩子体验失败的机会，等于剥夺了他们在不同环境中获取幸福的能力。因为，没有那些失败的机会，孩子就不能形成自己的自信和恢复力，而孩子只有拥有了这些，才能在人生中根据实际情况，找到创造性的解决方案去应对各种挑战。

进入高中阶段及以上的孩子，已经具备了成人的认知和推理能力。这个时候，父母应该给予他们应有的信任、信心和责任。一位高中教师兼行政管理人员说：

在高中阶段，如果父母后退一步，让孩子主动倡导、自我激励、保持行动力，孩子将能获得对"责任"二字最完美的体会。高中阶段的孩子，应该有更大的自主权，去验证自己的做事方式、各种选择是否正确，并自己去承担后果。让孩子拥有自主权，不代表父母彻底离场，而是指他们就在不远处，给予孩子场外支持，而不是事事过问，这一点很重要。如果父母学会充当配角，同时在权衡中为孩子让路，以期许的目光欢迎孩子选择自己的路，那么高中学生几乎能够很快甚至是自动做出更好的选择。

每一个高中生都希望拥有选择的权利和能力，所以家长们应该选择后退，放开对孩子的控制，让他们自己跨越各种障碍。高中阶段的每一年，都有其特有的挑战，每一次挑战都是一次成长的机会，家长要鼓励孩子充分把握每一次机会。

体验成年生活

高中毕业后，不管是走进大学还是进入职场，都代表着孩子已经进入人生中非常重要的节点——孩子是个成年人了，这是一条鲜明的分界线。

但是，无论是对父母还是对孩子来说，这条界线都显得有些模糊。尤其是那些在校大学生，他们虽然年龄上已经成年，但身份上还是学生，很多父母因此不知道该怎么办，是该像对待成年人那样对待他们，还是像对待孩子那样对待他们？其实答案很简单：上了大学的孩子，理论上跟父母基本没有关联了。孩子已经是法律上的成年人，即使他们的学费还需要父母来付，但父母也不能干预他们的生活，必须让他们承受自己决策失败带来的后果。除了学费，其他任何事情——课程选修、与教授交涉学分、解决与室友间的分歧、清理混乱的寝室——这些都应该由他们自己负责。

加利福尼亚大学教授齐摩斯说，自己的有些学生被过度管教，上了大学还不知道失败为何物，他们并未做好独立面对人生的准备。他说：

最让我感到惊讶的是，有些孩子上了大学之后，还不会自己洗衣服。有个学生曾经因为这个哭着来找我。不会洗衣服不算什么大事，对一个成年人来说，他很快就能学会。真正的问题是他的心态。有一个学生半夜发邮件给我，因为他没有按时完成作业，我要他补写，他希望我能给他同样的学分。因为邮件没有得到我的及时回复，他非常生气。后来他的父母竟然半夜打电话给我，愤怒地质问我，为什么他的孩子考试不及格。

这件事情中，孩子和家长表现出来的心态，值得每一位家长关注。小学和中学的老师，是专业的老师，而大学老师则是专业的学者。教授传授知识给学生，这只是他们的职责之一，他们还需要花费大量的时间和精力投入学科研究，为大学及自己的专业做贡献。一位同时给300名学生上课的大学教授，是不可能照顾到每个孩子的补习情况的，家长也没有理由要求教授因为孩子的个别需求与家长谈话。事实上，法律也有明确规定，没有经过当事学生的同意，教授无权与家长交流该学生的情况。很多时候，当我接到愤怒的家长打来的电话时，我会简单明了地说："你的孩子是我的顾客，但你不是。如果你想了解你孩子的事情，请和你的孩子谈。"

作为父母，应该向步入成年世界的孩子传递什么样的信息？是"有些事情本该早就教你的，但我没有教，所以现在我只能跟着你步入你的成年生活,以防你出什么差错",还是"你现在已经成年了,我相信你能搞定大学生活"?问完这个问题,相信很多父母心中已经有了答案。

西北大学网站的家长页面上,刊登了几句对家长的话,值得我们思考:

- 孩子需要你放手。
- 孩子需要你允许他们犯错。
- 孩子需要知道你信任他们。
- 孩子需要知道,你对他们的事只是感兴趣,而不是有意入侵他们的领地。

如果你的孩子马上就要离开家门走进大学,但此时他还不具备自主能力和胜任能力,你就要与孩子谈一谈,如何帮助他们尽快实现独立自主。你可以从以下几个方面去帮助他们:

1.启发而不指挥。问一问孩子,在他的想象中,大学生活的第一年会是什么样的,要做点什么才能把他的那些美丽想象变成现实。他有什么目标,如何把目标具体化。比如:第一个月该具体做点什么,才能为美好的一年奠定

第八章 高中及以后：走向真正的独立

基础。在讨论这些时，家长要抱着支持的态度，要启发，不要指挥。

2. 帮助孩子寻找可咨询的对象。如果担心孩子在大学里遇到问题不知该如何解决，父母也别先急着自己指点，可以建议他找那些可能会给他启发的人谈一谈。这时父母的任何建议，都是帮助他寻找合适的咨询对象，比如孩子感兴趣的科目的教授、他们的辅导员等。和孩子一起列出校园里可以给他建议或帮助的关键人物，这样在遇到问题的时候，他就不会总是恐慌地给家长打电话。让孩子自己查找他的教授、辅导员、系主任的电子邮箱地址，在地图上找到他们办公室的位置，找到学生保健服务中心和心理健康服务中心的位置，并对这些做到心中有数。做完这些准备，孩子就知道遇到问题该向谁求助了。

3. 入学一学期之后，假期孩子回到家里，你可以重新和他谈一谈之前设定的目标、梦想等话题。这一年是否像当初想象的那么美好？这一年的目标有没有实现？如果不是或没有，为什么？过去这一年自己哪些事情做得不对、不好，如果重来，会怎么做？

同时，父母也要做到以下几个不干涉：

1. 不干涉孩子设想、规划自己的大学生活。孩子的大学生活应该怎样度过，每个家长都有自己的设想，那就把你的那些设想留给自己好了，千万不要对着孩子喋喋不休，孩子要学着自己规划自己的未来，自己处理自己的问题。想一想，如果大一的生活真的像孩子想象的那样美好，他会多么自豪，因为是他卓越的执行能力让他的构想变成了现实。如果你插手、代劳，那么胜利的果实你也要分上一半，孩子的自豪感就会减少一半，他的自主感和胜任感也许就被你瓦解了一半，那么他真正的成年也因此推迟了。大学四年的时间太宝贵了，这是他走向社会前学习独立自主的最后机会，之后，他就要跨进更大更残酷的世界，在那个不那么友好的世界里保护自己、展示自己。如果这样宝贵的成长经历再被夺走，那真的是父母的失职。

2. 不干涉孩子选择室友。大学里，室友来自五湖四海，有不同的观念、背景和习惯，要学会与他们相处，这是一个学习社交的好机会，要抓住。一旦你的孩子选择了或者被指派了某个室友，你不要插手，不要神经兮兮地在网上搜索那个室友的名字，然后将查到的资料告诉孩子，千万不要这么做。与那个人相处的是你的孩子，不是你。让孩子通过实际的相处去了解他，而不是其他途径。

3. 不干涉教授的工作。孩子的分数、座位、课程安

第八章 高中及以后：走向真正的独立

排、作业等问题，都是教授需要处理的事情，家长永远不要干涉。即便你的孩子很害羞，不知道该如何处理这些问题，你也不要插手。不管你的孩子正在休假，或者课业太忙，你都不要插手他的事情。这是他学习独立自主的好机会，让他学着在与他人发生分歧时如何为自己辩护，学着如何以一种成熟而有担当的方式处理问题。如果你插手，不但剥夺了孩子学习的机会，还会赔掉教授对你以及孩子的信任，因为没有人会喜欢一个巨婴，也没有人会尊重制造出巨婴的父母。

父母不需要去干涉，是因为如果真的有必要，孩子会主动求助，你不能连孩子主动求助的能力都剥夺了。如果你接到孩子的电话或短信，不要开口就问学习，或者有没有去见那个你让他去见的教授，不要盘问孩子的情况，听他想跟你说什么，那么孩子给你打电话的频率或许会高一些。

大学四年，给予孩子的是学习、社交、梦想等方面的各种体验，这些都将成为无形的手，塑造出他成年生活的模样。父母要支持孩子去犯错、去体验，去拥抱自己的人生。让孩子带着他人生的急救箱，还有你的信任，去成为他想成为的那个人。如果孩子走的路、做的事不是你希望的，也不用干涉，让他自己去摔跤，自己去看明白吧。即便你觉得他注定会失败也没关系，失败的经历会成为此路不通的证明，提醒他以后不再走上同样的错路。也别为孩子铺路，哪怕你有能力轻松做到，你已经给予了他太多，现在，该轮到他去开拓他自己的生活了。

第三部分

第九章

家校关系的处理

　　家长与老师、家庭与学校建立积极的关系，对孩子的教育成功至关重要。尽力与孩子的老师保持一份真诚的关系，让孩子相信你，也信任老师，这是保障孩子在学校得到良好教育最好的办法。

家长和老师是同一条战线的盟友

我每天都会以老师的身份和家长交流孩子的情况。有时是坏情况，比如没有按时完成作业，或者新出现了的不良行为；有时是好情况，比如孩子取得了哪些进步。但是，每一次给家长发邮件或者打电话，我都会努力想好措辞，报告坏消息的时候，或者需要对孩子的问题提出批评的时候，我会保持态度明确坚定，同时尽量语气温和。这么做，是为了让自己跟家长的关系朝着一个积极的方向前进。管教孩子，需要家长与老师齐心协力，共同去促成教养的最终目标。

但是，因为现在的家长对孩子的管教过于在意，家长和老师之间也会经常发生冲突。

现在是早上 8 点 11 分，这个时间我本来应该在上拉丁语课，但现在我被困在自己的办公室里。办公室的门外是一位怒气冲冲的家长。我很想从窗户跳出去，但是看了一眼窗户外面实在是太高了。其实我可以等那位愤怒的妈妈走后再出去，因为她并不知道我就在办公室，但是我的学生在等着我给他们上课。现在是8点12分了，也许我可以趁她不注意开门溜出去。于是，我深吸了一口气，悄悄打开门。天啊！在监狱和自由之间，站着的正是那位气势汹汹的妈妈，她好像准备好架势了，随时准备把任何挡着她孩子进入一流高中的人给活吞了。发生这一幕的原因，仅仅是因为30分钟前，她收到了孩子英语成绩的邮件，成绩很惨，而我就是那个发邮件的老师。

家长和老师之间的关系，为什么会变得这么紧张？我为什么要躲着我学生的家长，而这个家长本该与我站在同一条战线共同教育好孩子的。其实，我能想象这位妈妈的感受，她对老师所有的怒气，完全是因为担心儿子在学校的表现，因为害怕孩子失败而焦虑，因为焦虑产生了压抑感，这让这位家长感到很疲惫。这不是个例，很多孩子的父母虽然没有这么极端，但也是每天忧心忡忡，孩子有一点受挫，家长就觉得几乎快要崩溃。

这种情况下，家长和老师之间的冲突激烈，受到的也还只是间接伤害，真正的直接受害者，是孩子。每当成绩报告单要出来的前几周，很多学生都会感觉压力很大，甚至是感到恐惧，公布成绩的前一天，他们更像是要上刑场一样。

家长们为了升学，为了奖学金，眼睛只盯着成绩。而当孩子达不到父母期待的成绩时，家长一方面会对孩子更加严格管教，一方面会怪罪老师，和老师站在对立面。在这样的对立关系中，损失的不仅是家长和老师之间的相互信任，更是孩子的成长。父母和老师只有相互信任，才能帮助孩子经历一个又一个错误，协助他们凭借教育的力量变得更优秀。孩子需要体验失败的空间，老师需要让失败慢慢展开，最终变成孩子的学习过程。学生的失败构成了最适合开展教育的沃土，而当老师不能踏足这片沃土时，他们便失去了很多教育的良机。一位有着丰富经验的高中老师，对那些失去的机会做了如下概述：

家长总是插手孩子的事情，为了避免"不良后果"，不让孩子自己做选择，不允许他们犯错，不允许他们失败。这样的家长往往忽略了一个事实：如果孩子事事都有父母的庇护和管教，从来没有机会学习自己解决问题，到了他们脱离父母要自己面对一切时，他们将因为没有经验而步履维艰。自由和选择是成长的前提。孩子需要这些去体验、去经历、去充实自己应对机制的工具箱。

这个工具箱里，本该装着孩子在体验、自我调整、成长中好不容易赢得的各种技能，而这些技能比任何的数学公式或者语法规则重要得多，是一辈子的财富。可父母的各种管教和干涉，却可能让这个工具箱里空无一物。

几十年的研究发现，家长与老师、家庭与学校建立积极的关系，对孩子的教育成功至关重要。尽力与孩子的老师保持一份真诚的关系，让孩子相信你，也信任老师，这是保障孩子在学校得到良好教育最好的办法。

家长和老师建立积极关系的指导原则

1. 父母要表现出信任和放松

开学的第一天，当你表现出信任和放松，孩子就会有勇气信任和放松。相信老师会照顾好你的孩子，并给予孩子最适当的教育，孩子与老师也会有信任关系。如果你给老师的见面礼是怀疑，那孩子收到的也是一样，他们也会对老师小心翼翼、保持距离。如果你能传递给孩子愉悦的期待，期待遇到一个很棒的老师，那么孩子就会带着一份美好的期待和好感去和老师接触。

2. 帮孩子做到"准时"

贾德·阿帕图的电影《四十而惑》里面的一个场景触动了我。影片里面的妈妈把孩子送到学校，班主任在门口迎接她们时有这样一段对话：

老师："嗨，呃……请注意，夏洛特真应该准时到校，她需要多一点时间让自己安定下来。"

妈妈（困惑地）："我们很准时啊。"

老师（面无表情地）："准时的意思是要早点来。"

的确，对孩子来说，上学准时意味着要早一点，从起床到上学，孩子需要时间让没睡醒的大脑清醒过来。幼儿园的小朋友需要时间和朋友打招呼、换衣服，大一点的孩子还需要整理书包、交作业、准备一天的学习资料，为上课调整好心态。有的初中生早上蓬头垢面地来到学校，坐在自己的书桌前，盯着自己的书足足五分钟之后，才能勉强醒过神儿来。青少年的睡眠生物钟一般要滞后两个小时，他们晚上犯困的时间晚两个小时左右，早上醒来的时间相应也晚。想一想，如果你睡眠不足，醒来后就急急忙忙赶去上班，把车停稳后就直接跑去向公司领导做工作汇报，没时间冲杯咖啡，没时间换衣服，没时间静下心来规划好一天的事情，你的做事效率会如何？那些在最后一分钟冲进学校的学生，通常整个上午都是无精打采的。

如果孩子迟到成了一种习惯，错不在孩子，必然是父母的过失。父母应该调整好时间，把准时到校放在首要位置。迟到的孩子一定有心理压力，尤其是迟到并非孩子所愿，也不是孩子本人造成的情况。孩子都有很强的正义感，他们知道迟到是对老师的不尊重，知道自己走进教室时打扰了大家，是对其他同学的不公。所以，父母要避免因迟到让孩子受责备，或让孩子心里不安。如果有必要，把你的闹钟往前调半个小时，不要因为你的原因让孩子迟到，影响孩子的课堂表现，影响老师对孩子的印象。

3. 尊重老师，从重视孩子出勤开始

有的家长会突然通知老师：从明天开始请假一周，然后问老师需要做哪些作业才能跟上班里的进度。对于老师来说，没有什么比这更懊恼的了。如果因为父母没有提前

做好计划,而突然让孩子请假,孩子和老师都会感到措手不及。一方面,孩子没办法把该做的功课提前安排好;另一方面,老师安排好的课程活动,会因为他的突然缺席而无法顺利进行。当然,这不代表不允许孩子请假,紧急情况总是会有的,在那种不得已的情况下,老师会给予最大的理解。但是,家长也要做到理解老师,尊重教学,尽量权衡轻重缓急,不要将孩子的上学出勤视作可以随便侵犯和挪用的时间。

4. 以身作则,做礼貌的使者

生活节奏的加快,会让我们忽视一些最基本的东西,比如礼貌。礼貌不仅是日常生活的润滑剂,还会影响老师对家长以及学生的印象。如果一个孩子的家长对老师很粗鲁,那么,当需要邀请家长来沟通孩子的问题,或者夸奖孩子的进步时,老师会不愿打电话或者发邮件,这是人的本性。弗洛伊德说过,"追求快乐和逃避痛苦"是人最基本的本能。对老师来说,家长的傲慢、不信任、不尊重,以及否定的、包含攻击性的人际互动,都是难以承受的痛苦。因此,让孩子看到你的礼貌,这样不仅孩子自己会学到礼貌,对家长和老师的关系也有积极的促进作用。

5. 对教育持尊重的态度

面对老师时，如果你的态度能表现出对老师教育过程的尊重，你的孩子也会因此尊重教育，并且乐在其中。而且，我们做老师的，也会很乐意与你分享孩子在学校的一点一滴。在家长送孩子或者接孩子的时候，我喜欢与他们聊上几句，告诉家长孩子今天又为班里做了什么贡献，或者告诉家长，我阅读孩子最近的文章时突然发现他在这一年进步好大。对于我来说，没有什么比这感觉更快乐了。老师非常珍惜自己和家长之间的良好关系，也很乐意与家长交流孩子的情况。

6. 做一个爱学习的家长

我再一次重申以身作则的重要性，你对学习的态度，会影响孩子对学习的态度。如果你对学习充满激情，并以学习为乐，那么孩子很可能也会爱上学习。如果你希望孩子是个爱读书、爱求知的人，那就先让孩子看到你以阅读为乐。你可以选一本书，书的题材也许是希腊众神、文艺复兴时期的艺术，也许是植物学，总之是你以前一无所知的领域，然后你可以通过阅读成为这方面的专家；你可以去学某种乐器，可以去参加你在高中或大学从没参加过的课程。在你尝试新东西，并饶有兴趣地钻研、坚持时，孩子会在潜移默化中受到你的影响。你可以在车里为孩子播放孩子读书的音频，还可以和孩子聊一聊他最近在学校看什么书，聊一聊作者想表达的观点是什么，聊一聊他喜欢书中哪个主要人物。这样你和孩子之间也许会展开一段有趣的对话，你们也许会兴致勃勃地讨论为什么《麦田里的守望者》的主人公霍尔顿·考尔菲德要戴着那么一顶滑稽的猎帽。让孩子把阅读学习的乐趣与日常生活融合在一起，让对知识的渴求成为他的一种本能和习惯，学习才是一件自主、自觉的事情。

7. 确保你和老师之间的第一次交流充满正能量

我们都知道，人与人交往时，第一印象很重要。罗恩·克拉克是一位很有成就的教育工作者，在他的著作《优秀是教出来的：创造教育奇迹的55个细节》中，克拉克建议老师们一定要确保在与家长的第一次交流互动中充满正能量。这是我最喜欢、最受用的一条建议，而且我觉得这条建议也同样适用于家长。在开学第一个月左右，家长应该找机会与老师交流一次，你可以跟老师提一提，你和孩子在晚餐时间讨论了他最近在班里读的一本书。比如"上周我和凯文聊天,谈到了您教他的一首弗罗斯特的诗,我们聊得很开心呢"。只要你的反馈是真实的,它将成为你和老师的关系的良好开端。这种交流,把家长和老师之间的关系拉近了,使他们成为一个团队的战友。同时,这种交流还奠定了家长和老师之间信任的基础。因为信任,你的孩子成了你和老师共同的孩子,即使孩子在学习中是个"困难户",老师也会积极与你互动,想出最好最有效的方法教育孩子,让孩子受益。相反,那些参加家长会时坐在教室最后一排、双臂交叉抱在胸前、面无表情的家长,传达出的是不满、不屑、不信,是拒人于千里之外的冷漠。因此,老师很难选他们成为自己的团队成员。这种隔阂,还会让老师在孩子出现问题时,或需要与家长交流时心存顾虑,反而对孩子不利。家长和老师本该就是一个有着共同目标的团队,而礼貌、主观意愿和热情,能让家长成为这个团队的最佳参与者,老师们也乐于为了积极友好的家长倾尽所能。

8. 欢迎老师的反馈

老师的反馈非常重要,所以从开学的第一天起,你就要鼓励老师及时向你反馈孩子的情况。让老师知道，反馈不管是积极的还是消极的，你都会把它看作孩子教育和家长与老师关系中不可或缺的部分。一定要让老师知道，你期待老师的反馈不只是口头上说说。比较实际的做法是，把你的联系方式告诉老师，并让老师知道哪个时段、哪种方式联系你更合适。同时，你也要询问如何联系到老师，老师方便哪种联系方式，并遵循老师的习惯。当你主动联系老师时，要抱着理解的态度，白天他们可能没时间及时回复你。总之，你要向老师传达的信息是，你希望老师及时给你反馈，你很愿意与他们交流。

9. 凭感觉定义的危机或紧急情况，沉淀一天再决定是否给老师发邮件

虽然说要与老师及时沟通，但是那些关于作业、任务、纪律处分之类的抱怨，最好沉淀一天之后再说。这些事情在当时看来也许像是十万火急的危机，但是如果你等一等，冷静看待时，会发现事情并没有你想象的那么严重。这 24 小时的犹豫期会让你冷静下来，想要推动孩子在与老师交涉的问题中担当更大的责任，还可以与孩子商量一起规划一个万全之策。一旦孩子和你都能够放下情绪，理智地去审视这个事件，你们就可以好好聊一聊事情的经过，厘清其中的前因后果。

10. 发生家庭重大事件，要让老师知道

如果家里有什么重大的事情发生，势必会对孩子造成影响。家长应该适时让老师了解有关情况，这样有助于老师帮助孩子更好地调整适应，让孩子在学校更好过一些。不要等到离婚、争夺监护权时，或者孩子出现长期梦魇、严重饮食障碍时，再跟老师交代事情原委。对于很多孩子来说，家里发生了不愉快，学校就成了他们的避风港。而且，老师给孩子的庇护感和安全感越多，越有利于保护孩子的心灵。如果你觉得涉及的内容太过敏感，不适合写在邮件里或者在电话里谈，那就找个合适的时间约老师面谈。总之，目的就是，让老师明白你需要老师帮孩子渡过怎样的难关，并将老师需要了解的情况告诉老师。

11. 表达出你对当前教学内容的兴趣

你可以向老师表达你对孩子在学校里学的东西很感兴趣。在家里和孩子一起探讨他学到的知识，让孩子将在学校学到的知识教给你。比如，你可以假装不知道岩浆是怎样形

成的，不知道滑轮的工作原理，让孩子利用自己所学来启发你。不过，孩子不是什么时候都愿意回答父母的问题，有时，你问他们在学校里学了什么，他们会回答"不记得了"。听到这样的答案，家长不要就此放弃。曾经有家长跟我反映这种情况，于是我就将每周的重点内容、每天的教学内容，从语源学到文化素养课，再到我们读过的作家作品，总结好发给家长。家长一旦掌握了教学内容，就相当于拿到了打开与孩子对话的钥匙，他们可以聊与教学内容有关的话题，探讨如何将所学知识与一个更大的世界联结。

12. 找机会向老师表达感恩

每天，老师的耳朵里塞满了各种抱怨和诉苦，关于成功的反馈却极少听到。我这样说，并不是建议你去凭空表扬或赞美老师。但是，如果孩子的学习进展得很顺利时，如果孩子总是向你谈起学校里让他兴奋的事情，如果孩子在学校过得很开心，你要记得向老师表示感谢。一封看得见、摸得到的感谢信，效果会更好。我保证，那封感谢信要么被老师钉在自己办公室的墙上，要么被老师用文件夹夹好，收藏在自己办公桌的抽屉里。我的办公桌里就有一个专门的文件夹，收藏着我当老师以来收到的所有感谢信。感谢信不用长篇大论，几句感恩的话，简简单单就够了。但在这个过程中，你表达感恩的行动已经给孩子上了一堂生动的示范课。可以让孩子参与进来，让他把感谢信交给老师，或者写封感谢信邮件。

如果你并不善于表达情感，可以借鉴别人的。比如我就经常借鉴阿尔贝特·施韦泽博士的一段话："有时我们自己的灯火熄灭，又借助别人的火花重新点燃。我们每个人都有理由去深深地感恩，感恩那些曾经点亮我们那盏心灯的人。"数不清有多少次，我的学生让我重新燃起内心的火焰，而且我一直记得要时常对他们表达感恩。为了进一步向学生示范如何表达感恩，我教他们手写感谢便条，向自己感激的人表达感谢，我们也经常因此收到别人的感谢便条。在如今这个被电子邮件、短信、推特等电子社交媒体统治的世界，一封手写的感谢信是一份不折不扣的礼物。我们都需要体验人与人之间的联络感，都需要被看到、被欣赏的感觉，这其实是一种互动的情感。所以孩子应该早一点学会如何向他人表达欣赏和感恩。

13. 你与老师有共同的兴趣——你的孩子

绝大多数老师之所以走上教育这条路，是因为他们喜欢孩子，并热爱自己所教的科目。在我采访老师的过程中，一次次打动我的，是老师对学生真切的关怀和爱护。所以，当你觉得老师对你的孩子不好时，先别激动，先了解一下，会不会是自己误解了老师。

关于家长和老师如何建立起更成功和谐的关系，一位高中老师给我们提供了这样一条建议："首先要明确我们的共同立场，家长和老师都关心孩子，双方都是真心为了孩子好。"不否认有例外，但如果你开始就抱着这样的心态，老师很有可能会追随你的想法。

14. 允许孩子拥有失败的权利

你的孩子将会在新学年遇到许多新挑战，对此你要有足够的心理准备。你面对挑战的态度会影响孩子，在他们遇到困难的时候，会从你那里读取暗示信息，所以，你要给他足够的信任和情感支持，同时不要在他从失败向成功过渡的关键时刻营救他，不剥夺他经历挑战的权利。记住，失败是孩子教育中的一个重要组成部分，是像数学、英语、科学一样重要的科目。

为了让孩子获取自主能力和担当能力，你要允许他们拥有失败的权利。给孩子时间和空间，孩子需要在自己的世界里感受对自己的失望。而在他们收拾自己心情的过程中，在他们清除内心的疑虑的尘埃时，在他们解读自己的经历时，在他们逐渐领悟自己有能力在失败中触底反弹时，让你的鼓励一直伴随着他们，这就够了。从孩子进入幼儿园的第一天，到高中的最后一天，你都要允许孩子拥有失败的权利。学校里的每一天都是一个新的开始，都是从各种体验中读懂自己的机会，都是一路犯错同时一路收获的机会。

15. 给孩子为自己发声的机会

从进入幼儿园的第一天开始，就要让孩子学会为自己发声。一位幼师说："与老师和其他小伙伴交流，是幼儿园里培养的一项主要社会能力。"这位老师对我说，有位家长在孩子入园的第一天就告诉她，因为孩子还不会表达自己，需要老师去"感觉"孩子的心意。这位老师对此感到很无奈："其实到了入园的年龄，孩子们真的有能力自己完成很多事情，只是家长不愿意相信，孩子们有能力用语言表达自己。"

从迎接孩子入园的第一天开始，她就礼貌地要求家长不要代替孩子说话，她希望孩子从一开始就尽量自己表达自己。她解释说，她希望她的学生有被倾听、被理解的感觉，为此，他们要自己与老师沟通。不仅如此，她还希望在不借助外力的情况下，孩子们能主动发起交流互动。"他们需要花时间去尝试。虽然，他们在交流中会犯各种各样的错误，会把事情搞砸，但他们也在这个过程中，学着如何传达自己的声音，如果不是这样，自主自立是不可能的。孩子们不是天生就知道如何为自己争取立场，这需要一个长期的学习过程。"

社交互动会随着孩子年龄的增长而变得更加复杂，因此，老师也希望孩子的交流能力能随着他们的推理能力和批判思维能力的提高而提高。老师会尊重那些能够为自己发声、主张自己的立场的孩子。如果你的孩子因为学校发生的某件事而不满，不管是因为分数太低而失落，还是觉得老师有失公平，你都应该鼓励孩子自己直接与老师交流。随着孩子进入初中，他们应该自己负责处理学习和生活中的一些具体事务。到了高中，他们的独立性就应该更强。

初中和高中阶段的交流内容相对复杂，有一定的挑战性。如果你担心孩子不能自己与老师交流，你可以帮他做一些准备。比如，你可以扮演老师，与孩子模拟对话。如果孩子因为某次作业的评分而感到不公，你可以让孩子向你说明他的理由。如果你认为孩子丢分的原因一目了然，你可以指给他看，并向他说明你看到的问题。如果孩子听不进去，你就想一想在这种情况下，老师应该持什么样的立场，然后站在这个立场与孩子交流。

如果孩子仍然感到自己被误解了，遭到了不公平的对待，你就鼓励孩子做好为自己辩护的准备。我告诉过我的学生，我最推崇的能力，是在面对分歧时，能够冷静下来，有逻辑地思考整个局面，然后以平衡理智的心态开展对话。发脾气谁都会，但发脾气并不能为自己争取到更多好处，一旦形成对峙，挑动起了对方的情绪，对方更不会满足你的愿望。因此，能在情绪沸腾的时候自我冷却并理智思考解决方案的孩子，才更可能为自己争取到利益。如果我的学生向我提出修改分数的要求，并且有礼有节、有理有据，我会非常乐意改变我原来的想法，同意改分数。

16. 对事件保持开放的心态

我很相信我的孩子，但同时我也知道，有时候事情的真相其实很难拿捏。真相总是躲闪在客观和主观之间，像个狡猾的小兽。真相因人性的弱点忽隐忽现，也因揣测而面目全非。即便是最诚实可靠的孩子，也同样会因此模糊了真相。

如果你坚信自己的孩子没有一点错，并抱着这样的态度去找老师或者其他家长，那么你会在还未开口为孩子主张立场前，就让自己失去了可信度。我们都不是事情的亲历者，一切所谓真相也只是听说而已，所以，要保持一个开放的心态，并相信其他人也没有抱着任何成见。

很多家长之所以坚信孩子的话，是因为孩子在家里表现一向很好。而关于孩子在家里的行为表现和在学校的行为表现不一样这个问题，我与很多家长探讨过。同学、学业压力、老师与学生之间的关系，以及许许多多的其他不可控的因素，都会影响孩子在某个特定环境下如何呈现自己。当老师告诉你，你的孩子出现了某种动向，你应该先考虑老师说的问题，而不是立刻质疑驳斥，也许老师说的正是实情。总是不假思索地抵制老师的话，这是一个常见的防范行为，我自己也有过这种情况。但是这样做，会伤害老师与家长之间的关系，也会延误对孩子在学业、心理辅导等方面的帮助。

17. 如果你对某个老师的行为感到不安，与那个老师交流

我承认，不是所有老师都对孩子充满耐心和爱心，他

们可能真的会做出伤害你孩子的行为，无论是故意还是无意。但即使这样，你也要抑制住越过老师直接去找校长谈的冲动，至少，不要第一次沟通时就这样做。如果家长越过老师直接去找校长，以校长的立场，他并不能为你做什么。因为到底发生了什么争执或分歧，校长并不知情，而校长处理这类事情，是要遵循固定程序和原则的。而家长与老师预约面谈，早一点比晚一点要好，因为日子久了，记忆整件事情的细节会消退，但反感和敌意这样的情绪却会与日俱增，这样，就失去了纠正问题、消除嫌隙的机会。

18. 家长与老师会话的最佳时间是预定好的会话时间

表面上看，早上送孩子上学的时候，老师是有时间与你交谈的，但事实并非如此。此时老师正忙于一项项基本工作：帮学生进入一天的学习状态；在早上第一堂课开始之前，组织好自己的思路。一天中，早上和放学时，看似是老师时间充裕的时候，其实是老师最忙乱的时候。老师需要时间准备好心态，才能将关注点放在与家长的谈话上，即便老师提出到大厅或者办公室与你单独谈，也不要选择早上或放学后，重要的谈话不应该在时间紧迫的情况下仓促进行。我本人也有过与家长这样交流的经历，每次都有一些不便或者尴尬。所以，家长最好提前预约时间，与老师交流你认为很重要的事情。

19. 阅读学校的指导手册和惩处政策

如果你不知道学校在规范学生方面有哪些政策，你就很难帮助孩子避免受到处罚。有太多家长都是在孩子放学后被扣留在学校或收到劝退通知时，才意识到需要去了解学校的有关政策。如果学校的规定与你家里的规矩存在差别，你就更应该了解清楚了。

另外，如果老师对孩子的惩罚让你感到愤怒或失望，也不要当着孩子的面辱骂老师。对于孩子来说（尤其是年龄小的孩子），老师和家长在他们的心目中是权威人物，如果这两个权威人物发生争执，会让孩子感到困惑和无所适从，不知道下一步该怎么做。

如果学校没有冤枉孩子，处罚也没有不安全的因素，那就不要干预学校对孩子的处罚。也许学校的规定与你的规矩不一样，而这正是孩子学习的好机会——如果你想在这个环境生存，就要遵守这个环境的规矩，即便你并不认同，也要先遵守。如果你违反了这里的规定，就要承担相应的后果，并学习如何尽快从各种不适中恢复过来。

如果孩子在学校遭遇"危机",家长通常也会情绪化。比如我就曾经失控,曾经对老师感到失望,曾经有帮孩子还手的冲动。每当这时,我就会告诉自己,不插手孩子的事情,我就是一个好家长。孩子前行的路上注定会遇到很多的困难和挑战,会承受更多的复杂情感和挫败感,孩子现在面对的那些刻薄的老师,将来会变成刻薄的同事、刻薄的老板、刻薄的邻居。如果我不让孩子在童年经历属于童年的伤心和失落,我就是在为他的明天制造痛苦和忧郁,让他在成年无法抗衡属于成年的压力和挫折。随着孩子年龄的增长,痛苦带来的痛感会更强烈,面对的情况也会更加错综复杂,如果童年时与痛苦打过交道,他们就会变得足智多谋,懂得如何从逆境中崛起。所以,不要营救你的孩子,因为你不能营救他一辈子。让孩子在幼儿园时,就学着在遭到别人的误解或冤枉时,站出来为自己主张立场,为自己发声。

20. 支持师生伙伴关系

师生关系可能会成为孩子人生中最重要的关系之一。我没见过有谁在谈起自己的老师时,认为这辈子没有一个老师值得回忆。我曾经请别人分享他们与老师之间的美好回忆，说说为什么那些老师对他们来说很有意义。他们的话语源源不断地喷涌而出：

• 说实话，那些要求最严格的老师往往是最好的老师。他们对学生、对教学发自内心地热爱，他们非常热心地帮学生解决问题。

• 我六年级的老师对语法教学充满热情。她会在白板上分析句子结构时忽然转过身来，充满激情地拍着手吸引我们的注意力。这种对学习的热情感染了我，她是第一个称我为作家的人。

• 彼得斯夫人是我的高中英语老师。她曾经在我忘记复习时，给我的英语测验评分为 F，从那以后，我再也没有忘记为英语课做准备。

• 我最喜欢的老师很关心我，他愿意花时间了解我，所以我也很愿意听他的话。我知道他关心我，所以我愿意克服任何困难去达到他的要求。

在孩子的受教育经历中，他们会遇到很多老师，有的很棒，有的一般般，还有的不称职，而孩子要学着与这些老师相处。如果你的孩子够幸运，会有那么一两个老师让他一生难忘，会成为他的楷模，指引他前进的方向，改变他的人生。而有时候，孩子会遇到他们不喜欢的老师；有时候，面对某个老师，孩子不知道该如何开口；有的老师会非常苛刻，有的老师不能清晰表达自己对孩子的要求，以至于孩子会不明白，会很困惑。亲爱的家长们，所有这些，都不是什么坏事。哪怕是最难缠的老师，也能在无形中教会你的孩子如何在今后的人生中与那些苛刻、不随和的人相处。孩子将来一定会遇到问题老板、问题员工、问题朋友、问题伴侣等，所以，孩子需要从小就学会如何与这样的人相处。

当然，眼看着孩子因为一份糟糕的师生关系而痛苦，而自己什么都不做，是一件不容易的事。当孩子陷入苦闷，当孩子因为老师那条离谱的规定而沮丧和失望，这时，我们真的很想狂骂老师两句，然后带着孩子一走了之。但是我们应该明白，我们更应该做的，是让孩子学会适应各种环境和各种人，越早让孩子适应各种规矩，对孩子越有利。

第十章

家庭作业：
家长如何做到帮助而不是代劳

作业是孩子的，不是你的。在孩子小的时候，你要做的是支持、鼓励和引导；等孩子大一点的时候，你要做的就只是说清楚你对孩子的要求，然后退出他们的世界。

把孩子的作业问题留给孩子

家庭作业,几乎是现代孩子必备的课外大餐。不管是哪种形式的作业,不管你觉得作业有没有必要,有一条必须清楚:作业是孩子的,不是你的。在孩子小的时候,你要做的是支持、鼓励和引导;等孩子大一点的时候,你要做的就只是说清楚你对孩子的要求,然后退出他们的世界。

但无论哪个阶段,都要告诫自己缩回想要代劳的手,哪怕孩子病了,哪怕他们苦恼,也别替他们做作业。

当然,说起来容易做起来难。如果仅仅是简单的数学复习,或者不是迫在眉睫的作业,我们也许还能做到把自主权交给孩子,让孩子独立完成。但是,当"我就是不想做作业!"和"作业太难了!"这样的抱怨声,一点点演化成刺耳的尖叫和甩手不干的撒娇耍赖时,父母就缴械投降了:要么自己代劳,要么把正确答案告诉他。因为这样既可以结束孩子的痛苦挣扎,也可以让自己落得耳根清净。

这真是让孩子和父母都皆大欢喜的做法，如果老师没有识破，甚至还会表扬孩子，但负面作用也在此时开始产生了。每次你妥协、代劳，将孩子从作业的苦难中营救出来，就是在瓦解孩子的自信和自主感。孩子能自主独立完成作业，这件事带来的成就感，是比好成绩更好的回报，能激发孩子的原动力。今天的数学作业对孩子来说确实很难，语文作文也让他一筹莫展，但在你代劳的那一刻，孩子也因此有了受挫感，会认为自己能力不足，从而失去了一次体验坚持和努力的机会。

将来的某一天，孩子也许并不记得那道极难的数学题具体是什么题，也不会记得那道作文题的内容，但如果当初是他们最终独立完成了，那种成就感他们会永远记得，留在他们内心深处的收获，可以受用一生。孩子会记得自己是如何坚持完成了数学作业，是如何全力以赴得出了科学实验的结论。也许，当孩子拿着自己的错误答案出现在老师和同学面前时，会感到失望、尴尬甚至伤心，但这都是值得的，因为这些都会变成磨炼他的机会。父母的任务并不是让孩子免于失望和尴尬，而是在他感到失望、尴尬、伤心时，同情他、支持他，帮他重新找回失败之前的那份执着和勇气，并且让他知道需要为明晚的作业做什么准备。

下面是一个学生的日记，记录了自己深夜与数学作业"决战"时的收获：

有天晚上，我在做一份特别难的数学作业，当我做到最后一道题时，心里想："我不做最后这一道证明题，又能怎样？我放弃了又能怎样？我知道我坚持下去肯定能做出这道题，但是要花很长时间，我不想做了。"我这样想来想去，磨蹭了很久。后来，我就收拾起书本，上床睡觉了。结果，几个小时后我醒了，辗转反侧，仍然放不下那道没能完成的题目。于是，凌晨1点钟我又起床，完成了那道证明题。虽然很累，但心里很踏实，我知道我已经尽了最大的努力，我感觉自己特别棒。好长一段时间以来，我对自己和自己的作业都没感到那么棒。

虽然这位同学在完成数学作业的时候很纠结，但却在坚持中收获了很多。

以下几种情况，家长需要注意

如果孩子真的要花很长时间才能完成作业，或者抱怨自己根本完不成，那么父母要不要帮忙呢？要看看是不是以下几个因素：

听力和视力问题

听力和视力的问题，是孩子理解力下降或表现失常的一个重要原因。

没有充足的睡眠

根据美国疾病预防与控制中心的资料，学龄前孩子每天需要 11～13 小时的睡眠，5～10 岁的孩子每天需要 10～11 小时的睡眠，十几岁的青少年每天的睡眠时间应保持在 8.5～9.25 个小时之间。如果睡眠时间达不到上述标准，孩子的注意力、学习能力、执行功能、行为等都有可能出现问题。

过难或者过于简单

老师布置的作业是否真的超出了孩子的能力范围,如果是,可以与老师交流。反过来,如果作业过于简单,也是个问题。研究表明,如果作业过于简单,孩子会精力不集中,不能全身心投入。只在当任务具有一定挑战性的时候,那种忘我的体验才会魔幻般地出现。挑战必要的难度,会激活大脑的"编码"和"检索",如果学生能够坚持面对挑战,解除困难的封锁,独立完成作业,就能精通掌握作业中体现的有关知识。

孩子只是在熬时间

有的孩子看起来好像在做作业,但实际上只是在熬时间——一会儿做做这件事,一会儿又换做那个作业,做做停停,偶尔又涂鸦几笔——这还是在没有电脑、手机以及其他电子产品分散注意力的情况下。专注力高的孩子一旦开始写作业,就会很投入而且坚持到底,他们会按照清单一项一项地完成,他们的效率是那种磨磨蹭蹭、三心二意的孩子的两三倍。所以,当你发现孩子在家里要花很长的时间写作业时,你就在他写作业的时候观察一下,看看他完全投入写作业的时间是多少，东摸西看浪费的时间又有多少。

这里介绍一种"计时器疗法"。计时器疗法要归功于一位叫作戈尔曼·艾莉森的初中数学老师，他发现，完成同样数量的习题，有的孩子在家里要花很长的时间，而在学校的自习课上，因为没有干扰，再加上有时间限制，他们却能全部完成并有富余的时间。针对这种情况，可以对孩子实施计时器疗法。

计时器疗法的运行流程是这样的：先确定哪个科目的作业占用孩子的时间最多，每天花在这个科目上的时间大概是多少。比如孩子花在代数上的时间最多，每天大约 90 分钟。那么现在告诉孩子，这个时间要减半，每天最多用 45 分钟的时间处理代数作业，45 分钟一到，做代数作业的时间结束，必须进行另外一个科目。让孩子看着计时器，这样他会知道时间在流逝，根本不会等他。提醒孩子，要在规定的时间内完成任务，这样孩子才会很好地预算时间。然后，你会发现，很多时候孩子是能按时完成作业的。

排除以上几种因素后，父母就可以确定该不该帮忙、什么时候帮忙和具体怎么帮了。不是说父母不要帮孩子完成作业吗？必须说明的是，代劳和帮忙是有区别的。关键的一点就是，家长要时刻记得培养孩子的目标，即形成成长型心态，获得自主能力和胜任能力，实现精通掌握和勤奋好学的目的。

家长如何帮助孩子完成家庭作业

一说起帮忙，我们首先想到的是要为孩子去做些什么，而在这里，我们所说的帮忙则是陪着孩子，但不要轻易为孩子做什么。帮助孩子完成家庭作业也是这样的，并不是替他做，而是帮他想办法，如何高效地完成作业。

家长可以参照下面的实用步骤，帮助不同年龄段的孩子学会如何为自己的作业负责，如何厘清做作业的秩序，如何制定做作业的策略。对于年龄小的孩子，家长要一步一步地教他们怎样做，以便他们慢慢养成习惯。对于年龄大的孩子，家长向他们讲清楚之后，让他们自己来实施具体步骤。如果你的孩子已经很大了，但还没有学习过如何担起学习的责任，以及如何高效地完成作业，那么不妨从下面这些步骤开始：

- **添加燃料**。没有营养,我们大脑的工作效率就会很低。在孩子写作业之前,父母可以为孩子准备一些小零食和饮料,或者鼓励孩子自己准备,身体有了足够的能量,就能在接下来的学习中始终保持清醒灵敏的状态。

- **清除干扰源**。即便是很小的分心,如在不同事物间来回切换,或者偶尔的精力不集中,也可能会导致出错。最近的研究表明,哪怕是3秒钟的分心,也会使出错的概率翻倍,这有可能是因为注意力分散导致细节信息从短期记忆中丢失。所以,看看孩子的周围有什么干扰他的事物,比如电子产品、玩具,把它们放到其他地方去,书桌上只留下学习用品,为做家庭作业这件事打造一个安静的、不受干扰的空间。

- **弄清老师对家庭作业的要求**。很多老师会通过发邮件或者在群里发信息的形式告诉家长本周或某天的家庭作业,家长要把老师的要求弄清楚,如果不够清楚,及时和老师沟通,对于大一点的孩子,家长要鼓励他们自己去向老师问清楚。然后帮孩子提早做规划,如果孩子年龄大了,就引导他们自己规划。

- **组织和规划**。在自习室,我会让学生在白板上列出学习任务清单，让每个学生都清楚自己有哪些学习任务要做，先做哪一项，再做哪一项。在家里也是一样，家长要帮助孩子厘清学习任务的优先次序，也可以偶尔提醒孩子："英语作业做完了，现在该做数学作业了。"

• **建议孩子"先啃硬骨头"**。研究表明，自控力在人的大脑里属于"有限资源"，而且在工作刚开始的阶段处于最高水平。所以建议孩子做家庭作业的时候从最难、最复杂的那一项开始，把较高水平的自控力留给最难、最复杂的家庭作业，提高做作业的效率。

• **检查自己的作业**。让孩子养成检查作业的好习惯。在完成每一项作业时，先自己检查一下，是否按照老师的要求完成了作业，是否还有疏漏。有些老师要求家长在学生的作业上签字，有些家长在签字时就顺便替孩子检查了。但更负责任的家长不会一直替孩子把关，他们会督促孩子自己养成检查作业的习惯和能力。比如作文，首先检查一遍是否有错别字，语句是否通顺。一旦孩子养成了这方面的习惯和能力，你可以通知老师，你的孩子的作业不再需要家长签字，他将为自己的作业负全部的责任。

• **为完成作业尽最大努力**。如果经过几番尝试，孩子仍然不能完成所有的作业，家长可以鼓励孩子把作业拆分，让他们尽自己最大的努力完成能完成的部分。这里重点说的是小学的家庭作业。有的老师要求家长给孩子讲解难题，让孩子把所有题目都做完；有的老师则要求孩子把不会做的部分空着，这样老师就能明白孩子哪里还没学会。我个人比较推崇的做法是，即便孩子不能完成所有作业，也要做点什么，而不是简单地留下空白。比如有一次的拉丁语翻译作业很难，我要求学生，即便不知道怎么翻译，也要查字典，把生词的含义和词性注在旁边。这样我就知道学生到底卡在了哪里，错误出在哪里，也更容易帮他们查缺补漏。

• **做作业的目标是求知，不是追求完美**。尽量把做作业的关注点放在真正重要的地方。做作业的目的到底是什么？不仅仅是找到正确的答案，更是让孩子练习并拓展当天学的知识，为下一步学习做准备；作业还让孩子学会在过程中控制自己，学会专心，懂得效率的意义；作业也是反馈，让老师知道，孩子对学习内容理解、掌握的程度，方便老师的下一步教学。孩子做作业时，要把关注放在这些方面，如果通过做作业实现了这些，那就是做了一份"成功"的作业。而不是说，做一份绝对没有错误的完美作业，才算是把作业做好了。

·陪伴孩子做作业，但不介入。孩子做作业的时候，我们只需要陪在旁边忙自己的事就好了。也就是说，你人在那里，但不要管他，支持他，但不要介入。

我家经常是这样，小儿子在厨房写作业，我在一边准备晚餐。这样，在他需要支持鼓励时，或需要引导时，我能及时给他帮助。但是，因为我也在忙自己的事情，所以不会去监管他，不会在他紧皱眉头或因挫败发出抱怨时，就急着去帮忙。到了儿子9岁多的时候，他已经能分辨自己是真的被难住了，还是只是暂时遇到了点小挑战，所以他知道何时需要我帮忙，何时不需要。我也不需要一直守在他旁边，而是每隔10分钟左右，看看他的作业进展。

让孩子知道，我们也有很多事情要做，而不是每天都坐在他们身边，等着为他们解决麻烦。一位妈妈有两个孩子，一个6岁，一个9岁，她跟我说："每天晚上两个孩子做作业的时候，我和丈夫就在旁边守着，随时等着帮他们解决难题。"另外一位爸爸也描述了一个相似的画面，每天晚上他和妻子都会花很多时间陪8岁和10岁的女儿做作业。这两位家长的做法都是陪在孩子旁边，随时待命，觉得孩子肯定会遇到难题，并随时准备着为他们解决难题。他们的做法对孩子是一种暗示：你肯定会遇到麻烦，你肯定有解决不了的问题。然后顺理成章地帮孩子养成了依赖父母的习惯。

·让孩子自己选择做作业的方式。做作业时是先完成作业还是先奖励？有些育儿书建议让孩子先完成作业，然后奖励孩子"随便玩"；有的育儿书则建议先让孩子得到"奖励"，这样他做作业的时候就不会因为着急拿到奖励而忽视质量。这两个方法哪个好呢？请允许我提出自己的想法：让孩子决定自己写作业的时间和方式。父母可以问一问孩子："你想怎样完成你的作业？"或许孩子也很想和你聊一聊。每个孩子都不一样，有的喜欢放学后先跑一跑玩一玩，释放一天积压的能量再做作业；有的喜欢放学后先把作业做完再玩。所以，最好的方式是适合孩子的方式。

作家、育儿专家维姬·赫夫勒讲过一段自己的经历。在女儿二年级时，她和丈夫每天晚上督促女儿完成作业都像是一场战役。每次他们让女儿做作业的时候，女儿都说不想做。最后，维姬"灵机一动"：

第二天吃早饭的时候，我问了女儿一个"奇怪"的问题。

"如果在一个完美的世界、完美的一天里，你最想怎样完成你的作业？"

女儿的回答毫不迟疑，好像一直等着我们问她这个问题似的："我想在早上4：30起床，完成作业。我不喜欢晚上做作业，那个时候我的大脑不听使唤。"

"好吧，"我说，"从下周开始，我和爸爸不再管你写作业的事了，你可以按照自己的计划选择什么时候完成你的作业。但是有一条，每天早上我们必须在7:15出门，不能有例外，你能做到吗？"

她想了大概10秒钟，然后回答说："可以。"

维姬和丈夫本来以为这个计划会失败，但结果并没有。女儿自己定好闹钟，按时起床完成作业。不仅如此，从那以后，她开始习惯了早起，每天都是4:30起来写作业，一直到大学都是这样。

在孩子按照自己的意愿，计划好写作业的时间和地点后，父母就要真的给他们时间和空间去实施，不要出尔反尔。告诉孩子，你会在旁边，但你们会各自做自己的事。如果你过去习惯了手把手帮孩子完成作业，那么现在需要改变，这对你和孩子来说都是一场挑战。但只要你坚持，转变的阵痛期终会过去，孩子将会因为这种改变变得更加自立和自信。

家庭作业的意义

作业对孩子来说有意义吗？

研究表明，从实用价值来说，初中以前的家庭作业确实没有什么学术价值，但孩子从每晚完成家庭作业的过程中，获得的是非学术性的价值。比如，快速启动能力，延迟满足能力，体会一件事情是如何从头到尾被完成的，面对挫折和挑战时如何坚持到底。这些都是至关重要的执行功能技能，作业就是帮助孩子形成这些特质的必要手段。而这些特质与孩子将来的成功都有着直接的联系。

家庭作业还有一个至关重要的好处是：老师可以通过作业的反馈，了解孩子距离精通掌握还差多远。但是，如果家长插手孩子的作业，这个反馈就不准确了。一位初中老师给我讲过一个七年级学生的故事。在这个学生做作业时，家长的"帮助"几乎是无时无刻，无处不在，结果，这个学生的作业答案虽然正确，却包含了很多高等数学的概念，当他把作业抄写在白板上给大家讲解时，有的概念连他自己也弄不清楚。老师经常遗憾地说，她真的搞不懂这个孩子对知识到底掌握到什么程度。没有准确的反馈，老师该如何帮助孩子，如何进行下一步的教学安排？

随着孩子对自己的作业更负责，在面对作业中的困难时也就更能坚持，他们开始体验到坚持带来的回报——自豪和信心。凯·威尔斯·怀曼在《打扫房间》一书中，回忆了女儿斯诺普斯小时候的故事。

斯诺普斯上五年级时，有一次请我帮她看一篇报告。一开始我尽量用一些描绘性的语句启发她，后来觉得那实在是太费时间了。我没有时间等她慢慢地找出字句，再说家里还有其他的孩子在吵着等我关注他们。于是，我不再站在她的身后指导他，也不再让她自己打字，不再鼓励她自己动脑筋选择用什么样的词语改正错误等，我直接把她赶到一边，自己占领了计算机前的位置。我帮她更正每一个语法错误，增添遗漏的细节，并创造性地增添了一些引起阅读兴趣的内容。然后，她那篇关于《红墙》的阅读报告像破茧的蝴蝶一样跃然纸上，已经完全不再是她之前给我看的那个"毛毛虫"版本。

那天放学回家,女儿的作文本上有一个鲜红夺目的 97 分,分数的周围还画着代表小宇宙爆发的烟花标志,老师写着:为这篇精彩的报告感到骄傲!

然而,斯诺普斯的脸上却一点也没有骄傲,反而写着尴尬。她知道,老师夸奖的不是她的作品。

斯诺普斯失去的,不只是可以通过自己的努力得到的赞赏,还失去了从困难、试错中学习到新技能的机会。困难其实是来帮助她的,本来她可以在完成写作的过程中,通过克服困难提高和巩固自己的知识和技能。然而这个机会被她的妈妈剥夺了。

支持孩子做作业,最重要的是支持他在做作业时遇到的困难。遇到困难的时候,孩子可能会抱怨、会发牢骚,甚至气急败坏地说"不做了",这个时候他们很可能希望爸爸妈妈来帮忙,解救他们,但父母一定要抵制住这个诱惑。心理学家、作家及学校顾问迈克尔·汤普森说:"孩子其实只是需要我们看到他在挣扎、在努力,他只是需要我们的关注,并不是真的需要我们的帮忙。我们可以去看看他,给他一些安慰、鼓励,启发他换条思路,但不一定真的要替他解决困难。但是，你给他的这些支持，会把他的注意力再次转移到作业上来。所以，支持孩子做作业，是支持孩子去发挥他的主观能动性、自主性等。"

当然，不是所有的困难都对孩子有益。孩子面对的困难有两种，一种会促进孩子学习，另一种则会抹杀孩子学习的内驱力，这两种困难之间的界线有时很微妙，需要家长仔细衡量拿捏。比如，孩子第一年学拉丁文，他们还没有能力翻译《埃涅阿斯纪》，如果我们让他去做这件事，结果不是收获知识，而是带来沮丧和愤怒。作为父母，我们要有能力分辨孩子的哪些求助是真的遇到了不可战胜的困难，哪些求助代表他们遇到的困难只是暂时的，是他们自己能够且必须自己克服的。这就像我们在孩子的幼儿时期，要学会辨别孩子的哪些哭声代表他们真的受到了伤害，哪些哭声只是想要我们去关注他一样。当然，准确地分辨不是一件容易的事，这种感觉，就像在瞄准一个移动的靶子。孩子的情况本来就千差万别，再加上他们的能力和需求也在随年龄不断变化，所以父母想要瞄准这个移动的靶子，自身的角色和应对方法也要随之变化。辅导一年级的孩子和辅导五年级的孩子，方法不可能是一样的。但无论孩子处于什么年龄段，我们总体的目标都是一致的，那就是帮助孩子更加自立，支持他们不断发展自己的技能。

最后，当孩子完成作业后，不要忘了卡罗尔·德韦克提出的成长型心理模式。表扬孩子为完成作业付出的努力，尤其是孩子面对困难、勇于挑战时，一定要让孩子知道，你非常欣赏他此时的坚持不懈。告诉他，他努力的姿态很美，以及坚持的价值比最终的正确答案更重要。父母要利用一切可能的机会，向孩子反复强调：努力比结果更重要。我们越努力，掌握的技能就越多，结果就会越好。

创造性作业的价值

孩子上小学时，我们尚且可以适度参与他们写作业这件事，而当他们进入初中和高中以后，就真的该从他们的家庭作业领地中退出来了。

研究表明，大约在进入初中前后，孩子的家庭作业开始具备学术性质，呈现越来越多的学术意义。如果计划得当，准备充分，家庭作业不再是一件让人忙碌的事，高质量的家庭作业能巩固已经在大脑里编码的知识，还能激发孩子将学到的知识应用到新的情境下。在这个学习的最后步骤中，孩子不再是仅仅回忆出正确答案，而是创造出自己的答案，这个过程叫作生成性学习，也叫创造性学习。促进创造性学习的家庭作业，让学生有机会展示自己的技能，并以"尝试—错误—再尝试"的模式进行反复试验，最后生成自己的答案。因为创造性学习至关重要，所以，它也是异常艰难的。在创造性学习的过程中，汗水和泪水在所难免，家长要有心理准备。应对创造性学习的正确做法是，走出各种界限，甚至是学科之间的界限，拓展自己的能力边界。它不像小学的家庭作业，只要把恰当的答案工工整整地写在合适的位置就行，创造性作业是对自我的全面挑战。

　　我曾经见识过一场非常混乱的创造性学习过程。有一次，我为一个中学的第一乐高联盟代表队担任实践裁判。第一乐高联盟是一个教育机器人项目，在这个项目中，孩子们组成团队，为他们在现实世界中发现的问题提出创造性的解决办法。到了孩子们展示的时候，他们尝试了各种解决办法，屡试屡败，又屡败屡试。当他们的模型不能按照预先计划实现功能时，当他们为了变通方法和最后的临场发挥争论时，我只能在座位上如坐针毡，双手抱头，一言不发。我真担心他们明天赛场上的表现，因为很明显，他们的模型在现实生活中根本行不通，而他们要面对一组专家的考核。

第二天，我收到了一位领队家长的邮件，他说孩子们的作品获奖了，并对我的支持表示感谢。我非常吃惊。了解后才知道，让他们获得最终荣誉的原因，不是他们的模型，而是他们面对挑战的方式。因为他们面对挑战的方式恰好体现了第一乐高联盟的核心价值，即"你发现了什么，比你赢得了什么更重要"。那些孩子经历的一系列失败和屡败屡战的精神，比最后的成功更重要。

所以，除非孩子想和父母讨论，或者想参考父母的反馈意见，否则，父母绝不要干涉孩子的作业。回想一下你自己的童年，每天晚上你期待着第二天上学，是因为你认认真真地完成了作业，觉得自己已经准备好了，内心充满了自信。还记得那样的早晨吗？你走在上学的路上，迫切地希望待会儿上课时，老师能点你的名字回答问题，或者让你把自己的作业展示给大家看，让大家知道你在前一天晚上做出了什么样的壮举。所以，当你成为父母后，在想抢过孩子手中的作业时，想一想自己的这些时刻吧，不要剥夺孩子获取胜任感的机会，让孩子经历自己的成功和失败，让孩子拥有自己的作品和能力，并为之感到骄傲。你可以在他做作业时给他鼓励，但绝不可以坐在他的身旁，握着他的手替他写作业，那是他自己的旅程，需要他自己探索。

第十一章

成绩：低分的真正价值

我们没有办法逃避一个不幸的现实——这个社会很看重成绩。那么作为家长，我们能做到的就是保持理智，尽力让孩子的目光绕过成绩这只野兽，看到被它遮挡的更有意义的东西，找到一些方法来激发孩子的内驱力，促进他的长期学习。

别被成绩绑架

去年，一位妈妈玛吉给我发来邮件，请我帮她出主意。她儿子约翰的成绩不及格，即将被所在的精英中学开除。而他们家所对应的其他几所学校都很差，她说特别希望儿子能够继续在目前的学校就读。下面是她的邮件内容：

我承认，我对孩子是有点过度教养。孩子挑食，我就依着他的口味做饭；孩子忘带午饭，我就给他送到学校去。他的书架上摆满了各种奖杯、数学竞赛奖牌、综合评估测试的完美成绩奖章，但其实他从来都没有为这些成绩努力过，甚至在赢取学校最高荣誉奖的时候也是袖手旁观。现在这个精英中学让他做的，是他以前从来都不需要做的事。数学和语言艺术曾是他最强的科目，现在却一直考不及格。一直以来，我都尽全力为他做一切事，就差陪他一起去学校听老师讲课了。我不停地用语言敲打他、催促他，为他祈祷好运。

第十一章 成绩：低分的真正价值

这位妈妈现在意识到过度教养和控制型教养的后果了。有多少妈妈和她一样，由于过于在乎孩子的成绩，而掉入控制型教养的深渊，包括那些支持自主型家长，在面对孩子不及格的成绩时，也难免会动摇："我从来都没想到自己会是这样的妈妈，但我现在就是。""成绩把我逼得没办法。""每天我心里想的都是孩子的成绩。""我知道那样做不对，很愚蠢，我也知道那样在乎成绩，孩子会对我生气，但我管不住自己。""我发现，我和孩子聊的大多是关于分数。"

成绩的可怕之处是什么？一方面，它破坏了孩子学习的内驱力。一位高中生写到自己小学和初中因成绩而沮丧的经历：

三年级之前，分数并没有被赋予什么重要意义，那个时候，我可以自由写作，诚实地表达那些让我开心的东西。后来，量化的数字出现在我的试卷上，它们代表了别人对我的肯定或否定。起初，那些奇怪的数字只是阻碍了我自由写作，但后来，我却越来越在乎这些数字。我开始对成绩上瘾，他人的表扬让我渴望更多优级成绩。我开始不再像小时候那样发自内心地写作，而当我意识到这一切的时候，我已经习惯了为那鲜红的分数去写作，至于表达的乐趣和创造的兴趣，已经与我没有什么关系了。

意识到成绩的坏处的，不仅仅是学生。越来越多的老师也在讨论成绩给学生的学习带来的破坏作用，以及对脆弱的师生关系的影响。高中英语教师K.C.波茨在每个学年开始，都会对他的学生强调下面这段话：

成绩是对学习最不利的因素。它会桎梏你、打击你，让你忧心忡忡、倍感压力，甚至让你怀疑、看轻自己。教育的任务之一是让孩子发现自己的优势与不足，但不是通过比较去发现，依靠比较得到的判断并不准确。因为别人能做到什么不是最重要的，自己能做到什么才是最重要的。

你们中有很多人追求高分，把高分看作是进入心仪大学的入场券。我不否认成绩有一定的作用，但成绩并不能完全代表你的能力。学习真正的动机不应该是成绩，而是学着如何把一件事做得更好，以及体验这其中的乐趣。取得A类成绩只代表这个学生"擅长玩学校考试这场游戏"，并不代表他对某种事物的真正掌握能力。我们要用健康的心态来看待成绩。

1921年的诺贝尔奖获得者，伟大的阿尔伯特·爱因斯坦，也曾经在他的自传中表达对考试和分数的不满，他说分数扼杀了人们对探究的好奇心，考试和评分对他的学习兴趣伤害非常大，导致他在一次期末考试之后，整整一年对任何科学思考都没有兴趣。

另一方面，成绩影响了父母与孩子之间的关系。每当孩子放学后跨入家门，我们的话题就是成绩和分数："今天的法语考得怎么样？"相信我们每个人都有过这样的经历：当拿着不够好的成绩单回家的时候，会因为害怕父母的失望、责备而躲避跟父母交流，甚至为了逃避父母的责难而撒谎。

成绩和分数一直是堵在大家心口的一个沉重的庞然大物，我们很想把这个庞然大物清除掉，但我们没有办法逃避一个不幸的现实——这个社会很看重成绩。那么作为家长，我们能做到的就是保持理智，尽力让孩子的目光绕过成绩这只野兽，看到被它遮挡的更有意义的东西，找到一些方法来激发孩子的内驱力，促进他长期学习。

恰当地看待分数和成绩的意义

成绩不能衡量孩子的价值，也不能准确反映孩子的能力。那么，成绩就没有意义了吗？不是的。分数和成绩在更多时候衡量的是学生的技能：良好的执行力、适应力、自律能力以及服从指挥的能力。分数在我们的社会文化中具有举足轻重的意义，但这个意义比不上学习的根本意义。学习的根本意义是：了解世界乃至宇宙的窗口，探索世间奥秘的途径，打开人际交流之门的钥匙，为社会提供创造性的思维火花……而分数，是学生进入某个学术机构的敲门砖，是打开少数办公室大门的钥匙。从现实角度来说，后者听起来似乎更具诱惑力，但前者更能让孩子终身受益。

孩子有时候会对分数和成绩产生误解，是因为父母的影响。家长不要张口闭口就跟孩子提成绩和分数，如果我们可以少一些对分数的关注，孩子会愿意花更多的时间与我们待在一起，也会愿意花更多的时间享受生活，包括学习——不过于注重成绩，学习也可以变成一种享受。在一

第十一章 成绩：低分的真正价值

次家长会的小组讨论中，有一位家长问在场的孩子"如何开启美好的学习生活"时，有位学生是这样回答的：

给您的孩子一些空间，不要一直谈分数、成绩一类的事情。在餐桌上或者车里，做他们的守候者，与他们聊一聊，但要聊他们想聊的话题。我和家人每天晚上都一起吃饭，我非常喜欢跟我的父母在一起，与他们聊天，但不是聊关于成绩的事情，我只想聊我的生活、我的世界里发生着什么。如果他们总是想把话题引到成绩和分数上，我就想躲开他们，因为他们让我觉得他们并不在乎我，只在乎成绩和分数。

这个建议让我倍感振奋。就我个人而言，随着儿子们渐渐长大，他们生活中的元素越来越丰富，朋友、科技活动、运动、旅行，夺走了儿子与我相处的机会。如果不聊成绩，可以得到更多与儿子相处的机会，我愿意将成绩丢在一旁。

那么，如何让孩子正确地看待分数呢？

1. 强调重点是目标，而不是分数

父母要帮助孩子获得对学习的主动权，把分数的意义限定在适当的范围内，把家庭关注的焦点从成绩单转移到孩子自己设定的目标上来。孩子对自己设定的目标有一种主权感，这样的目标对于衡量成功与否也更有意义，而如果最终真的能达到这个目标，就能给孩子带来更大的胜任感。取得高分，尤其是当孩子经过非常大的努力取得高分时，他们的心情也会非常兴奋，但这种兴奋的感觉是短暂的，而达到自己设定的目标带来的满足感和自我认可，其力量远远超过全 A 成绩单所带来的短暂的欢喜。

目标是激励孩子、让他们对学习保持持续投入的好办法，但前提一定是这个目标是孩子的目标，而不是其他任何人的。不管那目标多小，在你看来多么荒谬，只要是孩子的目标，你就必须要表示尊重和支持。即使是非学习类的、看起来很无聊的目标也是这样。让孩子自己设定目标的意义，并不在于目标本身，而在于鼓励他们敢于说出自己的雄心壮志，并树立精心浇灌这个美好愿望、看着它开花结果的决心。我们要经常关注孩子实现目标的进程，让孩子知道，我们是多么在乎和尊重他们的愿望。

当孩子设定目标、实施目标时，记得不要插手。如果你意识到自己抢占了孩子的工作，或者发现自己的建议太多，赶紧先"失陪"一下，去另一个屋子，深呼吸，冷静下来，提醒自己：让孩子自己去主导他的人生，这是一条通向孩子未来幸福的路。

等你的情绪平复下来之后，不要忘了认可孩子的目标，或者表扬孩子的努力、勤奋和坚持。比如你可以说："这一周你很有条理，把自己的试卷都收拾得很整齐，我知道这是一件很麻烦的事情，但你一直在坚持做，我很为你骄傲。"而我在家里常说的话是："你为了达到保持房间整洁这个目标非常努力，这让我很感动。"

2. 寻求反馈而不是分数

虽然整个社会非常看重分数，甚至一度使分数的重要性超过了学习本身的重要性，但学校也在大力扭转这种风气。现在学校使用的反馈报告卡上，有一项内容对家长和孩子的意义远大于分数，那就是老师是用叙述性的评语来反馈学生的表现的。研究发现，这种评语和反馈比成绩更能推动孩子在学习中进行自我激励，能更好地促进孩子取得成功。小学老师在评语和反馈这方面，做得更好一些。

随着年级的升高，成绩评价渐渐取代了老师的评语，成为主要的评价方式，但学生和家长从此却被分数绑架了。针对一篇论文初稿，老师的评语如果是"你这篇论文的想法和论点都很好，但是你的文章并没有对提出的问题进行详细地阐释"，那么孩子的收获会更多。因为这样的评语既有对孩子积极的肯定，也指出了他的不足之处，同时还给予了学生如何改进的建议和指导。学生既得到了鼓励，也有了改进的目标和方向。这样的信息性反馈和表扬孩子努力的作用一样，能够提升孩子的内在原动力、对学习任务的热情，以及在今后学习中的表现能力，远远比简单的分数作用和意义更大。

因为分数并不能向家长和学生传达具体的信息，比如学生已经掌握了哪些具体的能力，还有哪些具体的能力没有掌握，分数只能展示结果。鉴于这一点，许多学校开始启用"标准分级"的学生评价方法，摒弃了那种分数点式的评分系统。在标准分级评价系统中，学校会规定学生在这一年该掌握哪些技能，具备哪些素质，并对学生具体技能的掌握情况进行评价。仅仅一个 B 也许不能说明什么问题，但标准分级体系让学生和家长知道了细节。它包含了一些具体的有用信息，了解这些信息，我们就能确定学生

第十一章 成绩：低分的真正价值

在掌握分级规定的具体技能方面的进步情况。

如果你的孩子所在的学校还只是用分数对孩子的学习进行总结性评价，你要在家长会上向老师寻求更多的信息反馈，并把这个信息告诉孩子。一定要做到既欢迎表扬，也欢迎批评，因为批评中更蕴含了关于孩子的有用信息。让老师知道，你的家庭把有建设性的反馈信息，看得比成绩更重要。

3. 选课——让孩子掌握自己的方向盘

给孩子自主权，让孩子掌握自己教育的另一个机会，就是选课，这往往是在初中或者高中一开始的时候出现的。当孩子面对选课表，把语言、音乐和数学作为自己的首选课程时，也就开始在头脑中形成对自己的期待和树立自己的目标。选择是形成自主能力的重要途径之一，如果孩子对上什么课、什么时间上课、跟哪个老师上课等问题有话语权，那么对之后的学习才会更有动力，也才会真正为自己的学业负责。所以家长不应该干涉孩子选课，而是应该明白，选课是孩子的事，不是你的。

我知道，你想让孩子进入名牌大学，孩子的辅导员也特别强调，所修课程要达到某种特定的平衡，目的是让大学的招生人员眼前一亮。但是，让孩子拥有自己的教育选择权，会造就一个对学习充满热情的孩子，一个为了达到自己的目标而付诸全力的孩子；而剥夺孩子的选择权，会造就一个精神上脱离教育、对学习心不在焉的孩子，孩子会觉得父母选择的那条路不属于自己。这两种结果，你更喜欢哪一种？

第一种情况下，孩子在学校的表现会更好，在学习的过程中的幸福感会更强烈，更有可能达到自己设立的目标。你可以培养一个完全听你摆布的孩子，也可以成就一个有自制力和内驱力的孩子，但二者你只能选其一。

当孩子朝着他们的目标迈进时，一定要让孩子明白成功的真正内涵：面临困难不放弃，面对挑战不退缩，面对失败不气馁，孜孜不倦勇于坚持。如果可以选择，我更喜欢教那些在学习中勇于冒险的孩子。而那些害怕失败的孩子，创作出的作品往往没有新意，枯燥平庸。我经常鼓励我的学生去冒险，跳出思维的常规路线，面对自己的学习时，就像没有戴紧箍的齐天大圣一样。

4. 为冰箱换一种装饰

把关注点从分数和成绩转移到学习目标和学习过程上

的一个重要标志，就是不再把成绩单看得那么重要。之前你可能会把全A的成绩单贴在冰箱上，于是你传递给孩子一个信息：妈妈爱的是我优秀的成绩，而不是我。当你对着高分惊呼："天哪，你真是太聪明了，我真为你感到自豪。"而对着C类的成绩眉头紧锁，你的意思孩子已经非常明白了。该如何正确对待孩子的成绩单？更好的做法是：当孩子取得好成绩时，与孩子讨论一下在某个学习任务或课程中，哪里进行得比较顺利；在准备法语考试时，什么方法有用，什么方法没用。当孩子的成绩不太好时，问一问孩子，下一次用什么样的方法学习效果会好一些，讨论一下成功的策略，再讨论一下导致失败的原因，看看问题出在哪里。成绩应该是衡量进步的刻度，而不是终极目标，所以给它们应有的重视就够了，切勿过度，更不需要把它们贴在冰箱上天天瞻仰。

5. 慎重使用查分软件

学校都会安装各种查分软件供教师使用，现在，很多学校开始考虑是否向家长提供访问权限，让他们随时都可以查看孩子的分数和出勤记录。如果你孩子的学校也提供了这样的访问权限，我希望你先别兴冲冲地登录，先仔细考虑一下随时监控孩子的分数和出勤记录有什么作用。这类软件确实方便了老师的工作，但是能给家长带来什么呢？我与许多老师交流过这方面的问题，大家都感觉到，家长可以随时查看孩子的学习情况后就不再跟他们沟通了，但对孩子的生活却参与得更多了，而学生对这个软件的依赖也越来越高了，他们通过这个软件来判断自己需要做什么，而自己的自制力却丧失了。

所以，当我拿到那封写有我大儿子学校 PowerSchool（美国学生信息系统）的登录 ID 和密码的信时，我已经知道该怎么做了。我没有打开那封信，把它原封不动地交给了儿子，同时儿子也向我郑重地承诺：他会亲自告诉我他的学习情况，我不需要通过软件了解。如果他在学习和校园生活中遇到了什么问题，一定第一时间和我沟通。我们决定将对话沟通作为了解他在学校的情况的默认方法。对于我这样的举动，许多朋友都感到震惊，好像是我在推卸做家长的责任。

尽管他人不赞同，我依然决定由孩子告知他的学习情况，而不是通过软件得知。因为我觉得通过软件检查孩子的成绩是一种监视行为，是控制的一种形式。我在研究中经常提到这种行为，认为它是培养孩子自制、激发孩子内驱力的大敌，这一理由足以让我拒绝使用查分系统。当然，理由不止这一条。在不提前征得孩子同意的情况下检查孩子的分数，是一种不信任的行为，会让孩子很不舒服。

如果你做不到像我这样果断地放弃使用查分系统的权利，还有其他的处理办法，就是提前告知孩子。比如，家长在登录前先告诉孩子，"我今天打算登录学校账户，你有什么要提前对我说的吗？"或者，"我更希望从你那里得知你的学习成绩，但下周有期中汇报，我会检查，所以建议你先自己登录看看，如果有什么问题，你先对我说。"这样，孩子自己对信息也有掌握，对你的查看就有了心理准备。而且，他们还可以从中学会如何开启一段艰难的对话。

如果你决定像我一样放弃使用查分系统，那你需要提前通知孩子的老师，向老师说明你的决定和原因。如果我知道某个学生将自己与家长交流学习情况，我会在学生的成绩出现下滑或其他问题时，及时与家长联络，为孩子和家长之间的有效的全面沟通保驾护航。而且，如果老师知道家长放弃登录查分系统，他会鼓励孩子多和家长沟通，而这对双方都是有益的。

6. 要向孩子强调，失败意味着机会

我的学生向我坦白，他们非常害怕失败，怕得要死，我很同情他们。

他们当然害怕失败，很多学生都这样。因为他们被告知，失败就意味着大学、工作乃至幸福的梦想都会破碎。对于这种情况，我当然有清醒的认识。但是，在孩子受教育的早期，抓住机会激发孩子的内在原动力，让孩子因为想学才学习，这其中的重大收益，远远超过几次低分带来的损失。实际上，偶尔的低分是必要的，有益于孩子的"功课"。当然，孩子对失败的反应不同和自我调整的方式不同，失败带来的结果也会有天壤之别：可能是压碎灵魂的绝望，也可能是游戏升级的动力。在我读过的所有关于成功人士失败经历的采访、逸事和研究中，都揭示着这样一个道理：那些从人海中浮现出来的成功者，是那种不把失败的经历与自己画等号、能直面失败并在错误中寻求经验的人；而那些将失败等同于自己、否认失败的价值或因失败而责备他人的人，不仅会不断地犯错，还会在犯错的经历中一无所获。《如何成为卓越的大学生》一书的作者肯·贝恩，将那种把事情失败视作自己失败的人，定义为带有"偶然性自我价值"的人，也就是固定思维模式的人。

如果你有偶然性自我价值感，即你对自己的看法取决于在某个领域中与他人相比较，并由比较判断自己算是成功还是失败，那么你也许会停止努力和尝试。因为在潜意识里你会认定，避免失败的最好办法就是不参加游戏。

所以，教导你的孩子去面对失败，接受它，把失败看作有价值的反馈。并让孩子看到你冒险尝试和失败的过程，讲一讲你的失败经历，和那些失败的机会是如何成就一个更好的你的。《适应性创新》的作者蒂姆·哈福德将这一方法概括得简单明了："对于从失败中生出解决方法这一过程，生物学家有个专门的词语——进化。"从这个角度看，我们不应该否认失败的存在，而是应该去进化。

还记得那位担心孩子会被精英学校开除的玛吉吗？在我告诉她要和孩子正视失败的意义的三个月后，她给我发了一封邮件，感谢我提出的建议，并向我汇报了约翰进步的好消息。按照她和约翰的约定，玛吉停止唠叨和干涉，把驾驭学习的缰绳交给了约翰。她所做的唯一一件事，就是说服了约翰的学校，给约翰一个学年的观察期。结果如何呢？玛吉向后退的同时，约翰实现了向前一步。玛吉写道：

我觉得约翰真的需要这样糟糕的一年。这样他才能学会如何学习，学会自己的事情自己做，而不是习惯性地等着别人为他准备好一切。他现在甚至不需要我的提示，尽管我已经准备好为他服务。他做一切都是那么主动，这一年，他终于走在了正确的道路上。

我很高兴他在这么早就有这样一年"失败"的经历，这要比迟来的失败更有价值。在我们的人生中，失败是免不了的。我认为，现在约翰明白自己能做什么了。

到目前为止，一切都好！

好消息不仅如此，那一学年结束时，约翰逆袭成功，荣获了"进步最快学生"奖。约翰的努力还在继续，他以十足的干劲和非凡的决心，让老师们对他刮目相看。从本质上讲，约翰的奋斗并没有围绕着成绩。没错，不及格的成绩的确促成了他的转变，但是那些不及格的成绩只是约翰没有对自己的学习负责产生的副产品之一。既然玛吉已经同意后退，她就不再是约翰的闹钟、厨师、司机、辅导老师、日程管理秘书等，她只是妈妈。这样，约翰自然就承担了自己该承担的责任，并拥有了自己该拥有的能力，包括胜任能力、兴趣、内驱力等。

像大多数孩子一样，约翰是从家长那里阅读出各种暗示的。你对自制力和学分的态度，会投射给孩子，哪怕你以为自己表现得并不明显，但孩子还是能一眼看穿，就这么简单。说起来，家长何必担心孩子不明白成绩的现实作用呢？孩子每天都浸泡在与同学的学习竞争中，他们完全清楚学习成绩与优等生名单、大学之间的利害关系。所以，家长不要再做那个为孩子的学习压力和不安全感煽风点火的人了。我更愿意做孩子喜欢的交流对象，在餐桌旁，我们可以聊数学课后发生在同学身上的搞笑事儿，聊他下周末想去看的电影，聊他的希望和梦想。我们可以与孩子共度的时光其实很少，我们不妨享受这段时光。

关于高中阶段的失败所蕴含的价值，我的观点来自于一位资深的高中老师，这位老师已经见过很多学生无数次尝试、失败、再尝试的过程：

学生会从失败中恢复过来。首先，他们知道大家都希望他们没事。其次，他们知道自己有克服困难的能力，那个克服的过程比天才的称号更重要，比完美的赞誉更重要。人都是这样的，失败能帮助人们了解自己。学生需要失败，因为失败的时候就是他们学习如何成功的时候。

附 录

美国育儿简史

朴素时代的育儿观

美国的育儿理念并不是一直像今天这样令人困惑和无所适从。在殖民地时期的新英格兰,抚养孩子特别简单。即便是在最富有、健康条件最好的社区,十个孩子中有一个孩子养不大也是预料之中的事情。而在波士顿这样经济贫困、居住密集的市区,疾病流行的概率更高,孩子的死亡率可能是富有社区的两三倍。1677年天花流行时,有五分之一的人死去,大多数是孩子。当灾难来袭,父母最先考虑的是吃、住、安全饮水等基本需求，不会考虑孩子的教育、社交生活、情感健康等问题。美国人早期在抚养孩子方面，占主导地位的是理性而非情感。

那时，美国也有育儿心理学，是约翰·洛克提出来的，他推崇简单理性的育儿方法。他建议，不要对孩子长篇大论，要给他们明确的指示；不要纵容他们撒泼耍赖，孩子哭闹往往是想让别人听从他们的想法，得到自己想要的东西，于是通过哭闹来获得这种特权，这是蛮横无理的表现；当孩子遇到困难和错误时，父母千万不要过于怜惜他们。否则将会弱化他们的意志，让他们容易在小困难面前低头，从而在将来受到更大的伤害。要开导他们，生命中有太多的不如意，想安然度过，就不能对小磕小绊太在意。洛克非常赞成在孩子遇到挫折和失败时鼓励他们，让他们再去尝试。比起责骂和同情，鼓励更能让孩子止住哭声，还能让他们从中吸取教训，避免下次失败，有利于他们形成坚忍的性格。所以，面对困难、失败、错误要顺其自然，不要小题大做。

殖民地时期的父母一定也爱他们的孩子，当孩子摔倒受伤时也一定会宽慰他们，但是更多的困难和失败都被当作生活的一部分自然而然地接纳了，因为大家更关注的是如何在危险而艰苦的环境中生存下去，而孩子们在一天中的每时每刻过得如何，家长无暇关注，也觉得不是那么重要。孩子们也习惯了在生命的各种跌宕起伏中长大。

和现在相比，那时候的父母很早就把孩子推出家门，让他们独立。美国作家和革命者托马斯·潘恩说："对于父母和孩子来说，没有什么比距离太近和距离太远更能伤害彼此的。"那时候的孩子很年轻便结婚了，然后很快就会有自己的孩子，所以他们需要在青春期结束之前就学会经营生意、做农活以及各种家务。父母则必须尽早将这些教给他们，在他们很小的时候，父母就开始教他们如何生存和自立。

美国独立战争不仅诞生了一个新的国家，还诞生了一门新的哲学——关于孩子的天性以及他们在社会、家庭中的地位。史蒂文·明茨在他的《哈克的木筏：美国人的童年史》一书中说，当时追求个性，从孩子们名字的变化中就可见一斑。美国独立之前，孩子一般会以父母或者近亲的名字来取名，以此彰显家族和家庭的重要性。到了18世纪中期，父母给孩子取名字更注重别致和个性。除此之外，一些凸显政治、社会以及家庭地位的习俗也淡出了人们的生活，比如孩子不再向父母鞠躬。这说明，独立、个性的观念已经渗入人们的生活，没有人再愿意将自己视为他人的附属物。美国人开始展望他们作为新国家的美好前景，一个民智开启的民族，仰仗的是彰显个性、具有独立意识的下一代。

然而，尽管美国独立给人们带来了美好的期望，那时孩子们的生活在今天看来仍然非常"绝望"。那时，有多达一半的孩子在适婚年龄之前就失去了父亲或母亲，很多孩子不得不用自己瘦弱的肩膀担起家庭的重任，做家务、学经商、做零活，为家里挣零用钱。

19世纪末，美国人口和经济重心从农村转向城市，每六个10到15岁的孩子中，就有一名是童工。磨坊和工厂乐于雇佣童工，因为他们身形灵巧，可以钻到机器下面排除故障，而且工钱便宜。

这种情况直到20世纪初期才开始转变，人们认识到了孩子们在劳动环境中面临的危险，于是颁布了童工保护法，宣布雇佣童工是违法的。法律还规定孩子们必须上学，曾经为家庭的生存受尽磨难的孩子从此只能做一件事，那就是好好上学，接受教育。这些改革给孩子们带来了非常大的益处，但是，人们的育儿观念却还没有发生改变，一直以来，人们养儿育女的目的就是为家庭付出，而能不能为家庭出力，则是家庭和社会衡量孩子能力的标准，所以当时，只上学不干活的孩子被"异化"了，他们成了最"没用"的孩子。

随着更多的孩子出生，"无所事事、没用"的孩子越来越多，父母们不得不开始琢磨新的育儿目标和育儿方法——怎样才能把只有消费能力没有生产能力的孩子养好？从此，"育儿"这个简单的问题变得复杂了。

育儿专家的兴起

20世纪20年代，《亲子杂志》出现在大大小小的报刊亭，关于如何养育孩子的话题在美国被广泛讨论。如何把孩子养大？父母们对这个问题感到很迷茫，他们急需要得到各种建议和信息。在这样的情况下，育儿专家应运而生。这时，美国父母的育儿能力普遍堪忧。曾经，抚养孩子是为了生活，现在却发展成了一项耗时、耗力、耗钱的工作，父母们无所适从。同时，整个社会也不再把孩子当作能干活、能处理问题的小成年人来看待，而是将他们看作脆弱的需要细心呵护的对象。

后来，每个家庭养育的孩子数量逐年减少，父母们有了更多的精力投入到育儿中，而孩子的情感和心理需求也在不断增强。那些"无事可做"的孩子们有大把的时间制造问题，专门来解决这些问题的各种发育心理学理论也应运而生。当时，约翰·洛克所描述的孩子的乖张行为，被心理学家认为不是什么需要改正的毛病，而是需要父母特别关注的情绪症状。总之，认为孩子结实又经得起摔打的时代过去了，以孩子的情感依赖和父母的焦虑为特点的育儿心态正悄悄地孕育着。

19世纪末到20世纪初，父母们一直听到育儿专家们高喊：没有医生的建议，母亲根本不会照顾孩子。曾经，妈妈们遇到养育孩子的问题，就向年长的妈妈们请教，但现在，随着儿科医学这个专业的发展，几代人积累的育儿经验竟然遭到了嗤之以鼻。专家们建议妈妈们千万不要听外婆和奶奶的话。在20世纪之前，妈妈们只需要在家里放一本威廉·布臣的家庭医学书，就能身兼医生、理疗师、牙医、老师等多项职能，一个人在家里就可以完成育儿的全部工作，每个妈妈都是全能妈妈。然而现在，育儿书、儿童保育书数量暴增，书里面育儿专家的口气越来越严肃。从此，养育孩子成了一个专业的研究领域，育儿专家们对父母养育孩子的能力非常不信任。

20世纪20年代,又出现了儿童保育专业。幼儿园渐渐成为"妈妈培训基地",向那些"不会当妈"的妈妈们传授育儿方面的最新科学发现。依靠育儿书、指导手册、专业人士的建议,养育孩子的方式得到了大力提倡。专家们在此时又指出,父母要多关注孩子的情绪变化和需求,从此,育儿渐渐心理学化,育儿心理学的诞生也代表着养育孩子的能力并非与生俱来,做父母并非天生就会,而是一项需要学习的技能。

育儿书中还罗列了诸多养育不当的后果:心理伤害、情感抑郁、心理综合征、手足相争、恐惧症、睡眠障碍、青春期叛逆……弗洛伊德则普及了性心理是如何发育的,警告父母,训练孩子上厕所的方法如果不恰当,有可能会导致神经症,将成年出现的各种心理疾病的原因一下子全扣在了妈妈们的头上。心理学家约翰·鲍比则提醒父母,如果孩子从小缺乏亲密的亲子接触,将来会有严重的心理问题。如果我们不能给他们足够的拥抱,将来他们可能会发展为适应不良的少年犯。父母们被吓坏了,开始焦虑地学习育儿知识。

从此,孩子渐渐成为父母生活的中心,20世纪50年代，美国人对如何养育孩子这个话题达到了痴迷的程度。

这种专家危言耸听，父母们又言听计从，被专家搞得团团转的状态一直持续，直到一位热心的医生提醒父母们要相信自己，父母们的育儿心态才又开始转向新的方向。

你知道的比你自己想象的要多

1945年，本杰明·斯波克医生的《婴幼儿养育大全》一书出版，出版的第一年销量就达到了75万册，书中，斯波克医生不再是单纯地发号施令，而是温柔地鼓励。他在书的开篇就这样说："相信你自己！""你知道的比你想象的要多！"通过温暖的鼓励和信任，斯波克医生将育儿的权威又还给了家长。虽然妈妈们仍然会向医生和心理学家求助育儿知识，但是斯波克医生却鼓励家长们相信自己，大胆尝试，体会自己对孩子的拥有感。很多人认为这是理性清醒的回归，但也有很多人认为这种自由会引起焦虑，尤其是那些失去权威感的专家和那些因突然缺乏指导而感到恐惧的家长。一方面，旧理论对父母的影响还在，比如孩子的脆弱性，不当养育会给孩子带来终生影响等；

另一方面，新理论又给了家长摆脱育儿专家硬性指导的勇气和自由。但是，父母们或许是感觉自己责任重大，因此压力过大，并没有把孩子养育得很好，甚至是一团糟。尤其是50年代末的孩子出现了较为严重的叛逆现象，育儿专家们终于找到了攻击斯波克的借口，他们认为斯波克的理论是行不通的。

20世纪60年代，各种社会和政治运动此起彼伏，孩子们开始相信，作为年轻一代，他们有能力改变世界。约翰·肯尼迪战胜了其他几个资历比他深得多的候选人，当选美国历史上最年轻的总统。在年轻领袖的带动下，美国的民权运动风起云涌，年轻人获得了前所未有的力量。他们不再盲目相信权力，而是喜欢质疑，他们的责任感并不强烈，权威这个词在他们心目中也失去了积极的意义。他们的青春期成了叛逆期、各种体验和寻求个人身份的试炼场。并且，漫长的受教育期推迟了他们结婚的年龄，萧条的经济减少了他们的就业机会，所以他们的青春期一直延长到传统观念的成年期，且希望将童年的幻想一直延续下去。这些现象，令那些在专制时代长大，认为18岁就该成年的父母和其他成年人感到绝望，但又没有好的办法。媒体在这时又不失时机地数落他们过于纵容。而"家长应该对孩子的错误行为负责任"这样的育儿理论仍然存在,尤其是那些在孩子的婴儿期就做得不好的家长。媒体将这一代年轻人这种历史性的叛逆归咎于家长,他们被贴上了不负责任的标签。

与此同时,家庭的凝聚力也开始分崩离析,相较于20世纪50年代而言,人们对家的概念日渐淡薄。60年代初期,大约有一半的女性会在十几岁结婚,婚后很快就会生几个孩子,然后一直待在家里照顾孩子。但是逐渐也有年轻的女性走进大学,进入职场,在职场打拼一段时间有了独立的经济基础后才考虑婚姻。于是,未婚同居的男女增加了六倍,离婚率在十年内增加了一倍。

当独立又自信的夫妇们终于安定下来生育了自己的孩子后,他们奉行的是亲密育儿法,这种育儿法是斯波克"相信你自己"育儿情怀的延伸。亲密育儿法提倡通过不断的亲密接触来强化亲子关系。其中的理念就是,婴儿时期建立起来的深厚的亲子关系将影响孩子一生。在这期间,亲密育儿法一直备受推崇。然而到了20世纪70年代和80年代,育儿的实际情况又有了变化,亲密育儿法不再适用父母们面临的实际情况。因为这个时期的女性在女权主义运动的影响下,大规模涌入职场,开始展现她们作为思想家、创新者、领导者的天赋，而且得到了社会各界的认可。而且，由于通货膨胀和经济消退，女性进入职场也是势在必行。这个时代的女性一直被相互矛盾的力量撕扯着：一边是工作，一边是家庭；一边是孩子，一边是经济保障；一边是亲密育儿，一边是摆脱做传统母亲的标签和追求更多个体权利的心理需求。

这个时代妈妈们的理念，是70年代自尊运动种子的肥沃土壤。1969年，纳撒尼尔·布兰登出版了《自尊的6大支柱》，开启了自尊运动的育儿观念。他传达的理念是，自爱对情感健康至关重要，自我评价"是个人行为中唯一的也是最重要的关键因素"。对于那些出于自尊而不断寻求自我、出于事业心而无法与孩子亲密接触的父母来说，布兰登的这番言论无疑给了他们很大的安慰，父母们可以稍稍平息因冷落孩子而产生的愧疚，可以稍稍弥补他们因无法经常与孩子亲密接触而产生的内心空白。在这个背景下，个体和个体的自我价值感得以强化，团体和家庭的价值显得失色，美国的自尊运动开始腾飞。但不幸的是，这一运动的结果并没有如纳撒尼尔·布兰登所愿。依从布兰登的美好愿景，世界将是这个样子：孩子们都非常珍视自己的价值，有自我价值的强大立场做盾牌，他人非议的利剑只能被弹回，从而我们每个人都生活在幸福的包围中，探索自己，满足自己，爱护自己。

自恋的一代

自尊运动的理想是好的，但最终并没有依循纳撒尼尔·布兰登所期待的轨迹去发展。后来，珍·温格和W.凯斯·坎贝尔将自恋主义盛行的罪责扣在自尊运动上。按照温格和坎贝尔的说法，自尊运动虽然撑起了美国人的自尊，但是最终并没有塑造出更幸福、更健康的国民，而是造就了孤芳自赏的自恋的一代人，这代人只关注肤浅的外表和个人的成败。

自尊运动给了人们这样一个模糊的期许：我们可以为自己做的每一件事感到幸福，孩子们会一直爱我们，我们也一直会为父母这个身份而感到自豪。总体来说就是，在育儿的过程中，孩子和家长都要感觉良好，有充分的自尊和自信。但是在真实的生活中，这样却是行不通的。比如，父母指出孩子的错误，并要求他们改正错误，或者要求他们在人际交往中要考虑他人的需求，这时孩子就不太可能喜欢自己的父母，大多数孩子对父母的感觉可能是"想说爱你不容易"。同样，此时父母也不会感觉很好，因为没人愿意做那个招孩子流泪、惹孩子生气的人。让父母和孩子都感觉良好是这样的行为：晚饭之前慷慨地把曲奇甜饼递给孩子，这个秘密的犒赏把自己和孩子变成了"同一个战壕的战友"，这样做让彼此感觉都很甜蜜；孩子把作业落在了家里，父母带着作业赶去救场，让孩子避免了遭受老师怒不可遏的目光，以及放学后滞留在学校的难堪，这样孩子和父母都维持了自尊。但是，这样做对孩子的长远发展真的有益吗？于是父母们发现，在育儿过程中，孩子短期的自尊与快乐与他们长远的自尊与快乐产生了矛盾。如果要做到长远意义上的对孩子有益，就要把短期意义上的所谓的"感觉良好，维持自尊"放在一边，而我们并不习惯这样做。

另外，当父母认为是高离婚率、工作时间过长等因素影响了育儿效果时，暂时的宽容、慷慨、替孩子去做等带来彼此感觉良好的育儿方式就更具诱惑性。暂时的优待孩子，成了我们无法抽出足够时间全心陪伴孩子的一种补偿。而当我们真的有时间陪伴孩子时，也想在相对平和甜蜜的氛围中度过，不愿意因为孩子的不当行为与孩子争吵。另外，就像教孩子打扫洗手间要比我们自己打扫更费时费力一样，任何有价值的、效果更好的教育都是耗时费神的，而父母们缺乏的恰恰就是时间和精力。我这样说，并没有责备家长的意思，我本人也做得不够好。比如我的孩子不怎么会做饭，那不过是因为我希望能有一段属于自己的安静时光。当我忙完一天的工作和孩子的事情之后，厨房里就成了我休息的港湾。我总是想，有一天我会教他们做饭，但今天还是算了吧。

如今，父母们身陷不可调和的"双重困境"中。一方面希望可以凭着直觉随性育儿，并对自己的育儿方式感觉良好。另一方面又不断地窥视着浩瀚的育儿书目，这些书中罗列着各种如何培养出既聪明又有创造力的孩子的方法：如何让孩子做到主动弹钢琴，如何让孩子每天睡够9个小时，并且还能在大一时就进入大学足球队。父母想再次承担20世纪50年代权威专家的角色，希望在家里和工作中都能成为专业人士，发挥专业人士的作用。但当父母在这些浩如烟海的育儿建议中筛选时，发现很难平衡：一边是工作，一边是家庭；一边是相信专家，一边是相信自己的本能。究竟该如何选择？

《亲子杂志》网站有一个帖子，讨论了目前养育孩子最迫切的问题：父母们经常会因为一些细枝末节的小问题而忧心忡忡，比如，"如果孩子一哭我就把他抱起来会不会宠坏他？""我的孩子的动作发展速度总是比别的孩子慢半拍，我是不是哪里没做好？"虽然我们现在关注的问题不再是能不能养活孩子，而是孩子的心理、生理和情感健康中的细节，但过于吹毛求疵和在乎无关痛痒的问题，其实是暴露了人们焦虑的根源："我只是想知道，我是不是一个好妈妈。"这说明，面对育儿，父母更害怕失败。

对于大多数人来说，都会主动去做那些让自己感觉良好的事情，并在这种感觉中寻找和体验自己想要的答案。比如我，当我的孩子吃得好、穿得暖、万无一失时，我会自我感觉良好；当我把孩子从绝望中救出来时，我感觉自己是一个超棒的家长；当我去图书馆为儿子挑选一本他喜欢的书时，当我在足球赛开始前一秒给儿子送去护口器，让他可以上场踢球时，我都确确实实感受到了这个答案——我是一个好妈妈。

直到最近，我才发现我把大部分的时间都用在了养育孩子上面，我的意思是说，我把大部分的时间都花在了防止孩子失败上，我希望在我的怀抱里，他们能够毫发无伤。我知道这样做，长远来说没有什么益处。但是，我害怕无法再体验到良好的自我感觉和自尊，害怕把孩子暴露在不舒适甚至是危险的境地，我更害怕再也听不到"是的，您是一个好家长"这样来自自己和他人的肯定。但是，自尊运动失败了，习惯性地做暂时感觉良好的事情又造就了自恋、自我放纵、不愿冒险和承担后果的一代。

什么样的育儿方式才是有效的呢？什么样的育儿行为才有助于我们的孩子收获技能、价值感和美德，并以此为基础建立起积极的自体感呢？

我的答案是：培养孩子的自主能力；以孩子真正的胜任能力而不是因误导而形成的虚假信心为立足点，培养孩子的自立能力和自体感；在错误和失败的实践中培养孩子的恢复力；做笑到最后的家长，不做只顾眼下的家长；心怀孩子的明天，包容他们今天的荆棘和崎岖。